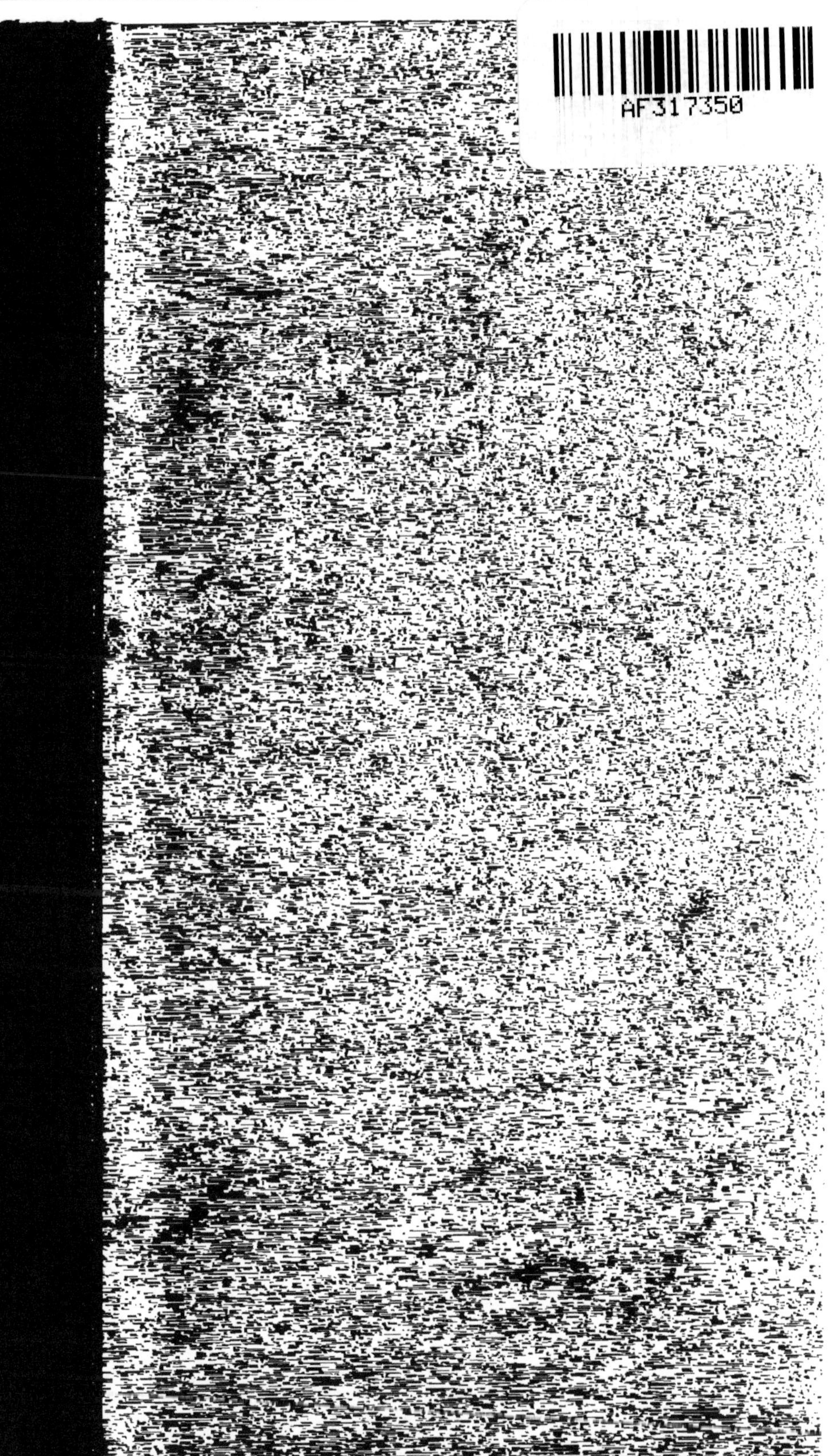

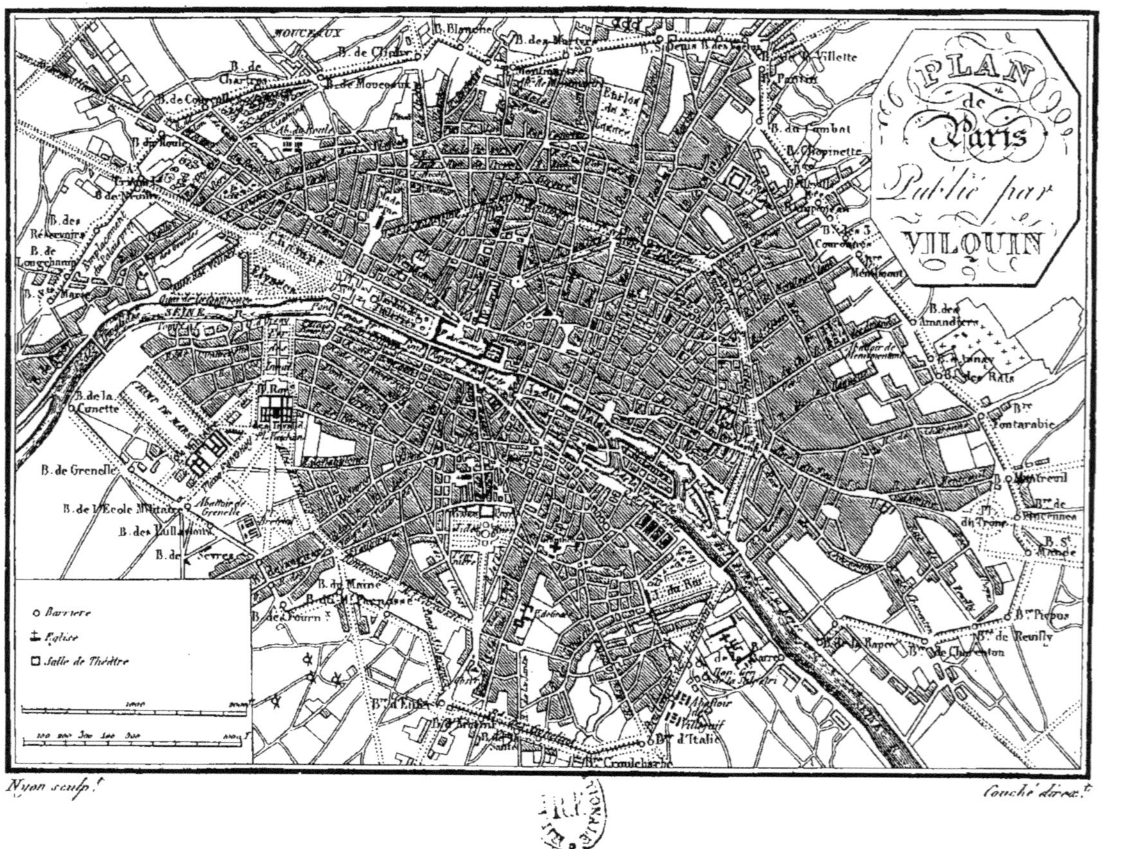

PLAN de Paris Publié par VILQUIN
MONCEAUX
B. Blanche
B. des Martyrs
B. de Clichy
B. St Denis B. des
B. de la Villette
B. de Charonne
B. de Monceaux
Pantin
B. de Courcelles
B. du Combat
B. Chopinette
B. de Neuilly
B. de Neuilly
B^re 3 Couronnes
Ménilmontant
B. des Réservoirs
B. des Amandiers
B. de Longchamp
Mur de Ménilmontant
B. St Marie
B^re des Rats
SEINE
B^re Fontarabie
B. de la Cunette
B. de Grenelle
B^re Montreuil
B. de l'École Militaire
Abattoir de Grenelle
B^re de Vincennes
B. des Paillassons
B^re du Trone
B. de Sevres
B. St Mande
Barriere
Église
Salle de Théâtre
B. du Maine
B^re Picpus
B. de Fourn^x
B^re de Reuilly
B. de la Rapée
B. de Charenton
B. d'Enfer
Villejuif
B. d'Italie
B. de Gentilly
100 200 300 400 500
Nyon sculp.t
Couché direx.t

SOIXANTE VUES

DES

PLUS BEAUX PALAIS,

MONUMENTS ET ÉGLISES DE PARIS,

CATHÉDRALES ET CHATEAUX DE LA FRANCE.

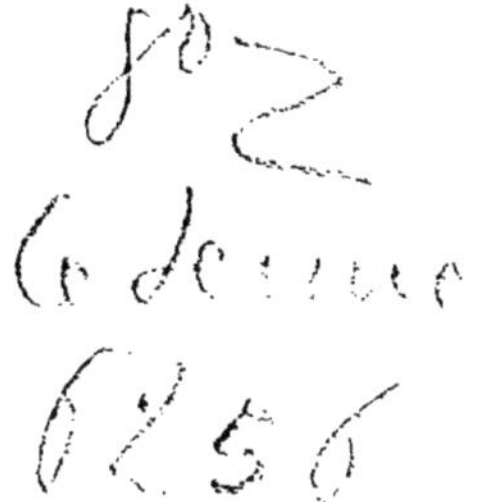

DE L'IMPRIMERIE DE P. DIDOT L'AINÉ,

CHEVALIER DE L'ORDRE ROYAL DE SAINT-MICHEL,

IMPRIMEUR DU ROI.

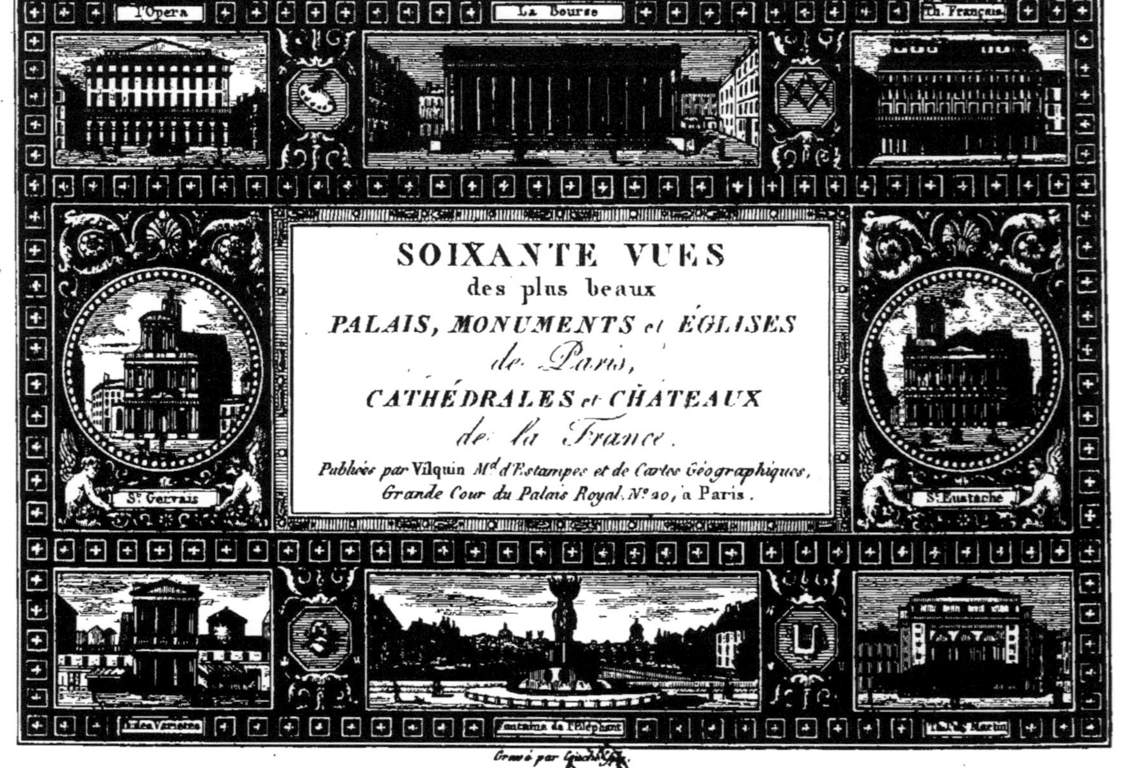

SOIXANTE VUES
des plus beaux
PALAIS, MONUMENTS et ÉGLISES
de Paris,
CATHÉDRALES et CHATEAUX
de la France.

Publiées par Vilquin M.d d'Estampes et de Cartes Géographiques,
Grande Cour du Palais Royal, N.º 20, à Paris.

SOIXANTE VUES

DES

PLUS BEAUX PALAIS,

MONUMENTS ET ÉGLISES DE PARIS,

CATHÉDRALES ET CHATEAUX DE LA FRANCE,

GRAVÉES PAR COUCHÉ FILS,

ET DESSINÉES SOUS SA DIRECTION.

AVEC LEURS EXPLICATIONS TIRÉES DES MEILLEURS AUTEURS.

Par M. LAGIER DE VAUGELAS.

A PARIS.

PUBLIÉES PAR VILQUIN, MARCHAND D'ESTAMPES
ET DE CARTES GÉOGRAPHIQUES,
GRANDE COUR DU PALAIS ROYAL, N° 20.

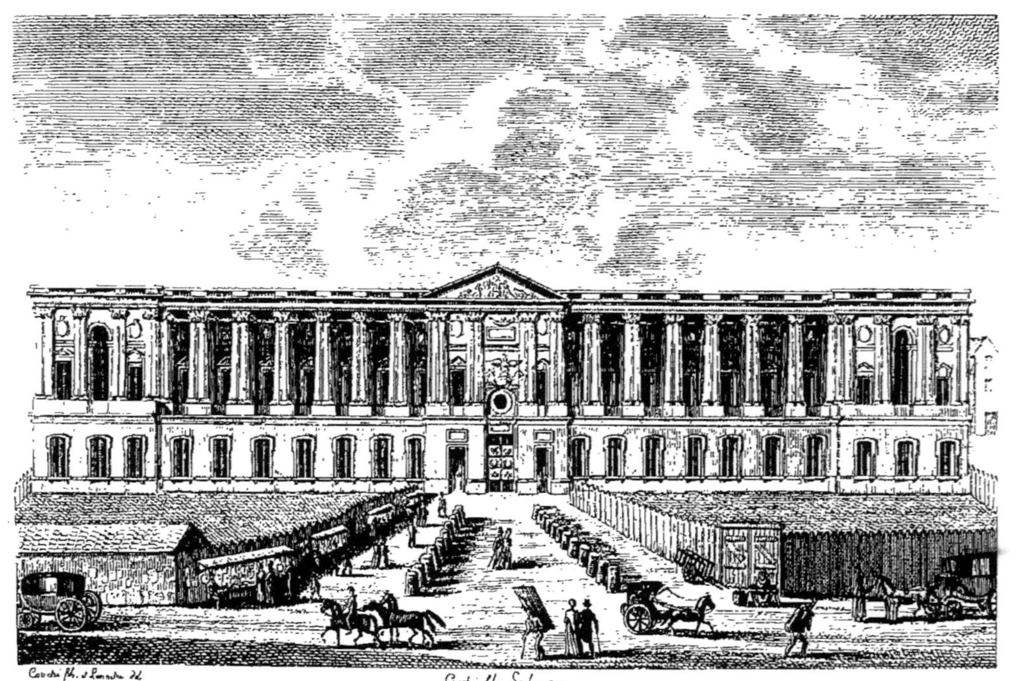

COLONNADES DU LOUVRE.

COLONNADE DU LOUVRE.

N° 1.

Le Louvre étoit anciennement un château fort de Paris, qui servoit de maison de plaisance à nos Rois, et de forteresse pour défendre la rivière. Il n'avoit de remarquable que la grosse tour appelée la Tour du Louvre, qui étoit une prison d'état. Ferrand, comte de Flandres, y fut enfermé après la bataille de Bovines, que Philippe Auguste gagna sur lui. Ce prince fit rétablir le Louvre en 1214. Charles V y fit des augmentations pour y placer sa bibliothèque et ses trésors. Il tomboit en ruines lorsque François Ier, en 1528, jeta les fondements du palais magnifique que l'on voit aujourd'hui. Pierre Lescot en fut le premier architecte. Toute la partie du vieux Louvre, qui s'étend au couchant, depuis le pavillon qui donne sur le quai, jusqu'au pavillon du milieu, où se trouve l'horloge, fut construite sous sa direction. Lemercier, sous le règne de Louis XIII, éleva le gros pavillon du milieu et l'autre partie de cette aile. La colonnade fut exécutée sous le règne de Louis XIV. Claude Perrault, médecin, en présenta le plan qui fut adopté de préférence à celui du chevalier Bernin : elle est un des plus beaux monuments d'architecture qui soient au monde.

Cette façade du nouveau Louvre a cent soixante et onze toises d'étendue, et dix-neuf toises d'élévation, y compris la balustrade : elle est composée de deux péristyles et de trois avant-corps qui s'élèvent sur un rez-de-chaussée formant un piédestal continu. Chacun des péristyles est composé de douze colonnes couplées d'ordre corinthien, formant galerie : les avant-corps latéraux sont ornés de six pilastres et de deux colonnes corinthiennes ; celui du milieu, dans lequel on a pratiqué un passage d'une galerie à l'autre, est décoré par huit colonnes corinthiennes et par un fronton, dont la cymaise est de deux seules pierres qui ont chacune cinquante-deux pieds de longueur, huit de largeur, et quatorze pouces d'épaisseur : une balustrade règne sur tout le reste terminé de l'édifice. Le bas-relief de ce fronton a été fait par M. Lemot : un buste de Louis XIV forme le point le plus élevé de sa composition. Minerve vient de l'ériger sur un piédestal, et la muse de l'Histoire écrit au‑dessous ces mots : Ludovico Magno. Une figure de la Victoire assise, couvre le bas du piédestal et lie les deux parties de la composition : Thalie, Melpomène, Polymnie, Uranie, remplissent, avec Clio, sa partie droite ; à gauche, viennent après Minerve, le reste des Muses, et l'Amour qu'on leur donne quelquefois pour compagnon.

Le Louvre fut la demeure de nos Rois, depuis Charles IX jusqu'à Henri IV ; Lous XIII le quitta parceque ses murs lui retraçoient sans cesse l'image sanglante du roi son père. Sous Louis XIV et Louis XV il fut abandonné pour Versailles, on éleva seulement, avec lenteur, les deux autres façades qui complettoient l'édifice au nord et au‑midi : il vieillit dans cet état d'abandon, et présentoit avant d'être achevé toutes les marques de la dégradation et de la vétusté, lorsque l'achèvement en fut entrepris au commencement de ce siècle. Aujourd'hui, ce palais entièrement regratté à neuf, présente la fraîcheur d'une construction nouvelle. Toutes les sculptures extérieures sont achevées, et les distributions intérieures terminées avec art. On y admire un magnifique escalier d'honneur et un superbe vestibule. La dépense totale des travaux faits, et de ceux qui restent à faire, est estimée à 50 millions.

Couché fils Sculp.

COUR DU LOUVRE.

COUR DU LOUVRE.

LA Cour du Louvre, parfaitement carrée, est environnée, sur trois de ses côtés, de bâtiments construits sur les dessins de Perrault, décorés de l'ordre corinthien : ils offrent chacun trois avant-corps, dont celui du milieu est couronné d'un fronton triangulaire. Le quatrième bâtiment, construit sur les dessins de Lescot et de Lemercier, est décoré de l'ordre composé et surmonté d'un attique. Une balustrade règne sur toute la partie nouvelle de l'édifice et vient se raccorder avec l'attique de la partie ancienne : au pavillon qui s'élève sur la porte du vieux Louvre, on voit huit cariatides gigantesques exécutées par Sarrasin. Le reste de ce bâtiment offre six avant-corps décorés de sculptures. Celles des avant-corps de gauche sont Mercure, l'Abondance, et deux génies supportant un écusson, par Jean Goujon. Les sculptures des avant-corps de droite, sont la muse de l'Histoire écrivant, accompagnée des bustes d'Hérodote et de Thucydide, et des figures représentant la Paix, la Victoire, la Renommée. L'exécution de la sculpture de tous les frontons a été confiée aux plus habiles artistes. Un cadran, magnifiquement doré, est placé au-dessus de cette porte ; l'horloge à équation qui le fait mouvoir, est de Lepaute.

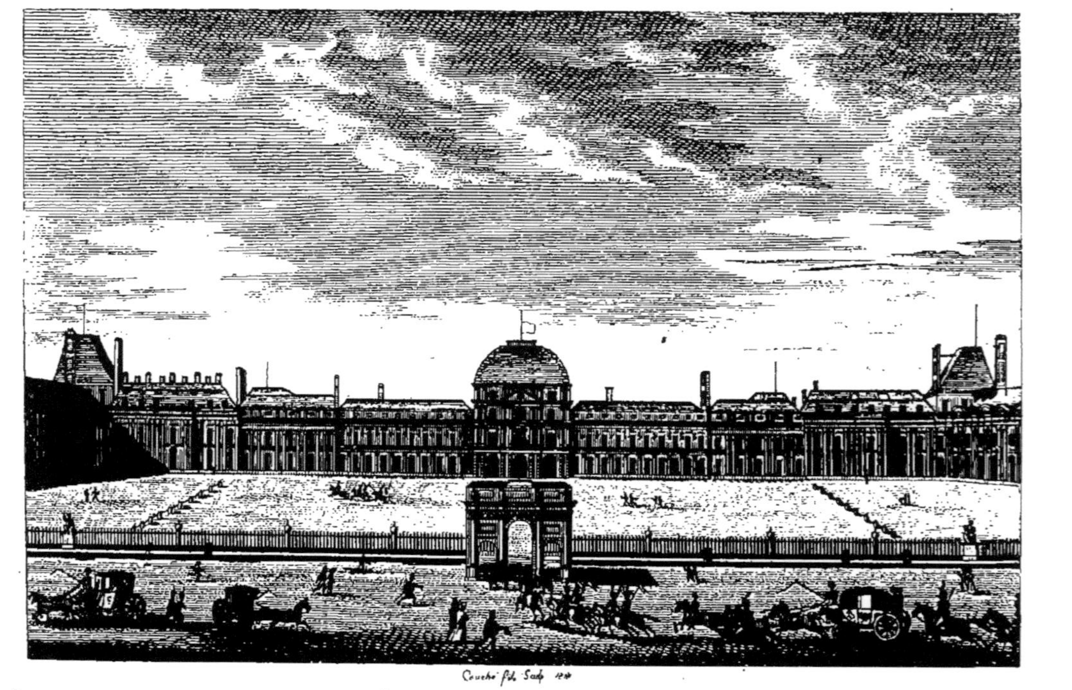

PALAIS DES TUILERIES,
du côté de la Place.

Publié par Vilquin, à Paris.

PALAIS DES TUILERIES,

DU COTÉ DE LA PLACE.

N° 3.

Catherine de Médicis jeta en 1564 les premiers fondements de ce palais sur un terrain occupé en partie par des tuileries, dont il a conservé le nom. Philibert Delorme et Jean Bullet, ses premiers architectes, le composèrent d'abord du pavillon du milieu, des deux ailes contiguës, et des deux corps de bâtiments qui viennent immédiatement après. Ducerceau, sous Henri IV et Louis XIII, les flanqua de deux corps de bâtiments d'ordonnance corinthienne, et les termina par les deux pavillons de Flore et de Marsan, qui complètent l'édifice. Louis Leveau et d'Orbay, sous Louis XIV, changèrent la forme du pavillon du milieu, ramenèrent toutes les masses discordantes de ces bâtiments à une ligne d'entablement à-peu-près uniforme, et firent régner un attique sur les constructions de Philibert Delorme et de Jean Bullet; depuis lors, on n'a rien changé à l'ordonnance extérieure du palais. Sa façade se développe sur une ligne de cent soixante-dix-huit toises et demie; elle offre cinq pavillons et quatre corps-de-logis, l'épaisseur du bâtiment est de dix-huit toises; au rez-de-chaussée règne l'ordre ionique, jusqu'aux deux seconds corps-de-logis, où s'élèvent de bas en haut de l'édifice des pilastres d'ordre corinthien. Le second ordre est corinthien dans les trois pavillons du milieu, et les deux premiers corps-de-logis, un attique les couronne. L'avant-corps du pavillon du milieu, le plus riche de toute la façade, est décoré au rez-de-chaussée de colonnes ioniques bardées de marbre, les colonnes des deux ordres supérieurs corinthien et composite sont de marbre brun et rouge. Elles supportent un fronton triangulaire surmonté d'un attique. Au milieu du fronton est le cadran de l'horloge du palais; au-dessus sont deux statues demi-couchées, représentant la *Justice* et la *Prudence*; l'attique est supporté par six cariatides colossales. La façade des deux corps-de-logis suivants est ornée de vingt bustes en marbre; des deux côtés de la principale porte d'entrée sont, dans des niches, deux statues antiques en marbre, représentant l'une *Apollon Moneta*, l'autre un *Faune*.

L'escalier qui conduit dans l'intérieur est grand et noble, il est précédé d'un magnifique vestibule décoré de trois statues remarquables : une *Minerve*, un *Affranchi*, et un *Villageois* ; la richesse des appartements répond à leur destination.

La cour du palais est séparée de la place du Carrousel par une grille de fer terminée par des lances dorées. Cette place, qui tire son nom de la superbe fête donnée par Louis XIV à madame La Vallière, doit unir les Tuileries au Louvre ; sur son côté s'élève une galerie parallèle à celle du midi. Quinze mille hommes d'infanterie et de cavalerie peuvent manœuvrer dans son enceinte. L'arc de triomphe qu'on y voit fut érigé en 1806 à la gloire de la Grande-Armée, sur les plans de MM. Percier et Fontaine. Sa hauteur est de quarante-cinq pieds, sa longueur de soixante, son épaisseur de vingt pieds et demi. Comme l'arc de Septime-Sévère, qui lui a servi de modèle, il se compose dans sa largeur de trois arcades ; mais il a de plus une arcade transversale qui coupe les trois autres en croix dans l'alignement des guichets de chacune des galeries du Louvre. La baie de la porte principale a quatorze pieds ; celles des portes latérales seulement huit et demi. Huit colonnes de marbre rouge de Languedoc ornent les principales façades, en soutenant un entablement en ressaut, dont la frise est en griotte d'Italie : chacune d'elles supporte une statue : leur ordre est corinthien, avec embases et pétaux de bronze. Au-dessus est un attique portant un double soclé qui étoit couronné par un char de triomphe auquel étoient attelés les quatre chevaux corinthiens de Venise, conduits par la Victoire et la Paix. Les bas-reliefs placés au-dessus de chacune des quatre portes latérales, représentoient la *Capitulation devant Ulm*, la *Bataille d'Austerlitz*, l'*Entrée des Français dans Vienne*, et le *Retour du Roi de Bavière dans sa capitale* ; au-dessus de la porte transversale, du côté de la Seine, la *Paix de Presbourg*, en 1805. Les puissances étrangères exigèrent qu'on fît disparoître ces bas-reliefs. Les statues qu'on a laissé subsister ne sont que les emblêmes des différents corps de l'armée, représentés sous la figure de différents guerriers. Dans les amortissements des accrotères de la grille sont placées quatre statues représentant, la première la *Victoire*, tenant d'une main une enseigne, et de l'autre une couronne ; la seconde une *Victoire*, tenant d'une main un symbole de la valeur, et de l'autre une palme destinée aux généraux victorieux ; la troisième la *France victorieuse*, et la quatrième l'*Histoire*, tenant une table et son burin. Les deux premières sont de M. Petitot, et les deux autres de M. Gérard.

JARDIN DES TUILERIES.

JARDIN DES TUILERIES.

Du temps de Henri IV, le Jardin des Tuileries, séparé du palais par une rue, n'étoit qu'un verger planté d'arbres fruitiers, et surtout de mûriers. Louis XIV en voulut un digne de lui, et Le Nôtre le dessina : son emplacement forme un parallélogramme de soixante-sept arpents. Devant le palais s'étend une large terrasse ornée de statues entremêlées de vases magnifiques : de chacune de ses extrémités partent deux autres terrasses plantées d'arbres peu élevés, qui se prolongent des deux côtés du jardin, et viennent se joindre en fer-à-cheval au pont-tournant ; l'une sur la Seine présente la perspective de la navigation et des magnifiques hôtels qui bordent son quai ; l'autre, close dans toute sa longueur par une belle grille, surmontée de piques dorées, jouit du coup-d'œil de la superbe rue de Rivoli ; elle est accompagnée par une allée de trois cents toises de longueur, garnie de deux rangs d'orangers. Ces deux terrasses sont couronnées, vers la place Louis XV, par des bosquets charmants, dans l'un desquels on trouve un pavillon de la plus riche élégance.

Le parterre qui se développe devant le château, sur une longueur de cent vingt toises, offre trois bassins d'eau jaillissante entourés de groupes et de statues distribués avec un goût exquis. Les groupes représentent l'*Enlèvement d'Orithie par Borée*, par Marsy et Flamen ; *Énée emportant son père Anchise*, chef-d'œuvre de Lepautre ; l'*Enlèvement de Cybèle par Saturne*, de Regnauldin, et *la Mort de Lucrèce*, groupe commencé à Rome par Théodore, et achevé par Lepautre. A la suite du parterre est un vaste bosquet embelli par des salles de verdure dans lesquelles on admire : les *Courses d'Apollon et de Daphné*, *d'Atalante et d'Hippomène*. La grande allée qui traverse ce bosquet semble l'unir à l'avenue des Champs-Élysées ; sa vue se prolonge jusqu'à la barrière de Neuilly, et n'est arrêtée que par la montagne et par les constructions commencées d'un arc de triomphe. Au-delà du bosquet est un espace circulaire sur le fond duquel naissent deux rampes en fer-à-cheval, qui ferment l'entrée du Jardin. Le milieu est occupé par un vaste bassin octogone. Parmi les nombreuses statues qui décorent cette enceinte, on remarque les quatre groupes de marbre placés à la naissance des rampes, représentant le *Tibre*, par Vanclève ; la *Seine et la Marne*, par Costou l'aîné ; le *Nil*, d'après l'antique, par Bourdic ; la *Loire et le Loiret*, par le même. Le groupe du Nil offre une allégorie ingénieuse ; ce fleuve est représenté sous la forme d'un vieillard couronné de lauriers à demi couché, et appuyé sur son coude, tenant une corne d'abondance : il a sur les épaules, sur la hanche, aux bras, aux jambes, et de tous les côtés, de petits enfants nus, au nombre de seize, qui marquent les seize coudées d'accroissement auxquelles il doit s'élever pour donner à l'Égypte la plus grande fertilité.

L'entrée du Jardin est couronnée par deux chevaux ailés, dont l'un porte un Mercure, et l'autre une Renommée, par Coysevox. La magnificence du lieu dont ils ouvrent la porte mérite cet emblème.

GALERIE DU LOUVRE.

Publié par Vilquin, à Paris.

GALERIE DU LOUVRE.

La Galerie qui joint le Louvre aux Tuileries du côté de la Seine, fut commencée par Henri IV, continuée par Louis XIII, et achevée par Louis XIV. Sa longueur est de deux cent vingt-deux toises, et sa largeur de sept. La façade de cet édifice présente deux ordonnances principales. Depuis les Tuileries jusqu'au pavillon de l'horloge, elle se compose d'un seul ordre de grands pilastres composites, accouplés sur des trumeaux, et supportant dans toute cette longueur des frontons alternativement semi-circulaires et triangulaires. Depuis le pavillon de l'horloge jusqu'au Louvre, succède une ordonnance composée de deux ordres de pilastres aussi accouplés et superposés. Celui du bas est dorique ou toscan ; au-dessus sont des pilastres corinthiens soutenant comme dans l'autre partie des frontons circulaires et triangulaires.

L'intérieur est occupé par le Musée royal. La galerie des antiques, au rez-de-chaussée, est divisée en huit salles magnifiquement décorées, qui réunissent une multitude de chefs-d'œuvre des arts de tous les temps et de tous les lieux. Il n'existe point de collection aussi riche et aussi précieuse. La galerie des tableaux est placée au premier étage : l'escalier qui y conduit est composé de quatre rampes, dont deux conduisent à la salle d'Apollon, et les autres à la grande salle d'exposition. Il est orné de deux colonnes de marbre d'un style très sévère, qui tient du dorique et du toscan ; elles supportent des voûtes qui répondent à leur caractère ; les murs sont ornés de pilastres du même style : la galerie se divise en neuf parties par des arcs faisant saillie sur la voûte, et soutenus par des colonnes et des piliers corinthiens, avec chapiteaux et embases de bronze dorés ; dans les entre-pilastres sont des glaces ; entre les colonnes sont, ici des candelabres, là des autels, là des vases antiques ou modernes ; mais tous d'un grand prix et de la plus grande beauté.

On compte dans cette galerie plus de douze cents tableaux, tous chefs-d'œuvre des écoles française, italienne et flamande. La gravure n'a pas été négligée dans ce sanctuaire des beaux-arts ; il possède plus de quatre mille planches des meilleurs artistes, et une collection de plus de vingt mille dessins, dont quatre cent cinquante des grands maîtres.

Les quatre premiers jours de la semaine sont consacrés à l'étude dans cette galerie et dans le Musée des statues ; les étrangers seuls y sont admis sur la présentation de leurs passeports. L'entrée n'en est ouverte au public que les samedis et dimanches, depuis deux heures jusqu'à quatre.

De l'autre côté de la place du Carrousel, s'élève depuis 1808 une galerie parallèle de pareille ordonnance, mais d'une plus grande largeur ; elle termine maintenant de ce côté la cour des Tuileries et le Carrousel, en attendant qu'elle se rattache au Louvre ; déja elle est construite sur une longueur de quatre-vingt-quinze toises. Onze frontons sont sculptés, et quelques parties sont habitées ; mais le défaut du parallélisme entre la façade du Louvre et celle des Tuileries, présente un défaut d'harmonie qu'il paroît impossible de faire disparoître.

PLACE VENDÔME.

Publié par Vilquin, à Paris.

PLACE VENDOME.

N° 6.

La Place Vendôme tire son nom de l'ancien hôtel de Vendôme, sur lequel elle fut construite en 1699, par la ville de Paris : son plan, exécuté sur les dessins de Jules Hardouin Mansard, est un carré à pans coupés ; elle a soixante-quatorze toises de long sur soixante-dix de large ; elle est traversée par une large rue qui commence aux Tuileries et finit aux boulevards. La décoration extérieure de la façade de ses bâtiments consiste en un grand ordre de pilastres corinthiens embrassant deux étages, et reposant sur un soubassement percé de portiques. Au milieu de chacune des huit faces, le soubassement fait un double avant-corps qui porte six colonnes engagées surmontées d'un fronton. Toute la sculpture est de Poultier.

Au milieu de la Place s'élevoit avant 1792, sur un piédestal de marbre blanc, une statue équestre de Louis XIV. Au lieu de ce monument on commença à ériger en 1806, à la gloire des armées françaises victorieuses en Allemagne, une colonne triomphale terminée en 1810 : sa hauteur est de cent trente-trois pieds, son diamètre de douze. Comme la colonne Antonine qui lui a servi de modèle, son fût est entièrement revêtu de bas-reliefs en bronze, provenant des canons pris sur les ennemis. La hauteur du stylobate est de vingt-deux pieds environ, sur dix-sept à vingt de largeur : il est entièrement couvert de trophées d'armes de toutes espèces. A chaque angle du piédestal, et au-dessus de la corniche, un aigle porte une couronne de laurier. Les bas-reliefs de la colonne sont exécutés sur deux cent soixante-seize plaques de trois pieds environ de large, sur trois pieds huit pouces de haut, disposées en spirale. Les principales actions de la campagne de 1805, depuis le départ des troupes du camp de Boulogne, jusqu'à la conclusion de la paix après la bataille d'Austerlitz, y sont représentées par ordre chronologique ; le cordon qui les sépare porte l'inscription de l'action qui y est exposée. Sur le tailloir du chapiteau est une galerie à laquelle on parvient par un escalier ménagé dans l'intérieur de la colonne : il est surmonté d'un petit dôme

PLACE VENDOME.

destiné dans le principe à porter la statue de Charlemagne; Bonaparte
y fit placer la sienne. Aujourd'hui , on voit flotter le drapeau blanc
sur ce monument qui atteste la gloire et la valeur des Français.

La construction de cette colonne , qui coûta 1,5oo,ooo francs, fut
dirigée par MM. Lepere et Gandouin, architectes, par M. Denon,
pour la sculpture : les bas-reliefs ont été dessinés par M. Bergeret,
peintre ; la fonte a été confiée à M. Delaunay , et la ciselure à
M. Raymond.

PLACE LOUIS XV.

N° 7.

L'espace qui sépare les Champs-Élysées des Tuileries, fut consacré sous le règne de Louis XV, à perpétuer la mémoire de ce monarque *bien-aimé*. Une statue équestre de bronze lui fut érigée de son vivant au milieu de la place qui porte son nom; elle fut renversée au mois de septembre 1792, et remplacée par une statue de plâtre représentant la liberté. La fête du mariage de Louis XVI fut célébrée sur la Place de Louis XV, le 30 mai 1770 : le malheur qui la termina convertit ce jour de réjouissance en un jour de désolation et de deuil. Vingt ans après, elle fut le théâtre du plus épouvantable parricide : le plus vertueux des Rois y perdit la vie sur un échafaud, le 21 janvier 1793, elle ne fut plus alors pendant deux ans qu'un lieu de carnage, où l'anarchie égorgea des milliers de victimes.

La forme de la Place Louis XV est octogone; sa longueur est de cent vingt toises; sa largeur est de quatre-vingt-sept; des fossés bordés de balustrades en pierres, en marquent le contour : ses angles sont décorés de petits pavillons portant pour amortissement des guirlandes; elle est terminée au nord par la colonnade des Tuileries, construite par Gabriel en 1768. Son ordonnance présente deux péristyles composés de colonnes isolées d'ordre corinthien, élevées sur des soubassements percés de portiques formant galeries fermées. Leur destination particulière paroît être de servir de communication aux deux avants-corps couronnés de frontons qui les terminent. Au-dessus de la colonnade règne une balustrade; on a déployé sur cette façade tous les ornements de la sculpture. Entre les deux péristyles est une belle rue qui unit la Place aux boulevards. La partie voisine des Tuileries est occupée par le ministère de la marine. : on y a placé le télégraphe, qui transmet les ordres du gouvernement jusqu'à Brest. Cette ingénieuse machine, inventée par MM. Chappe, frères, opère avec une telle rapidité, qu'il ne faut que seize minutes pour correspondre de Paris à Lille, dont la distance est de cinquante-six lieues, quoique les signaux télégraphiques soient répétés à des distances de deux à trois lieues.

MONTAGNE DE BEAUJON.

MONTAGNES BEAUJON.

N° 8.

Les Montagnes Beaujon , plus connues sous le nom de *Montagnes françoises*, sont une espéce de cirque construit dans le délicieux jardin du célèbre Baujon, pour des courses sur un plan incliné, à l'imitation de celles qui se pratiquent sur les glaces de la Russie et des Alpes. Ce cirque est formé par deux rampes semi-circulaires , qui prennent naissance à l'entrée de l'arène , et qui, s'élevant progressivement à la hauteur de cent pieds , viennent se joindre sous un belvédère qui les couronne : elles embrassent dans leur contour une surface de trois mille toises , et présentent de chaque côté une pente de sept cents pieds de longueur qu'on parcourt dans un char élégant, qui est lancé du sommet et abandonné à lui-même. Parvenu au bas de la descente , le char remonte au belvédère par un mécanisme ingénieux , sur un plan incliné rectiligne , de trois cents pieds de longueur, et ramène le voyageur au point d'où il étoit parti , après lui avoir fait parcourir un espace de mille pieds dans l'intervalle de cinquante secondes. Malgré cette prodigieuse rapidité il n'y a aucun danger à craindre dans ces courses ; les roues des chars sont contenues par une double coulisse qui rend toute déviation impossible ; et leur construction est telle qu'on y est toujours maintenu dans une situation horizontale. Le belvédère présente le plus beau point de vue de Paris et de ses environs ; il est surmonté d'un phare qui étoit destiné au port de Toulon , et dont la sphère lumineuse est de quatorze lieues de diamètre. Le jardin est de niveau avec le sommet de la colonne de la Place Vendôme ; le seul exhaussement du terrain coûta à M. Beaujon plus de 1,5oo,ooo francs. On l'appela d'abord la *Folie Beaujon,* par allusion aux sommes énormes qu'il employa à son embellissement. MM. Reynart et Brisou, propriétaires de ce nouvel établissement, n'ont rien épargné pour y réunir tout ce que le luxe le plus recherché peut attendre du goût le plus délicat. La richesse et l'élégance qui brillent dans tous ses détails lui donnent la première place parmi les nombreux établissements de ce genre ; et le suffrage public a sanctionné le titre qu'il a pris de *Montagnes françoises.*

HÔTEL DES INVALIDES.
du côté de Vaugirard.

Publié par Vilquin, à Paris.

HOTEL DES INVALIDES,

DU COTÉ DE VAUGIRARD.

La vue de l'Hôtel des Invalides, du côté de Vaugirard, présente une façade de trente toises de longueur sur seize de hauteur, au milieu de laquelle est l'entrée du dôme, élevée sur un perron de plusieurs marches; elle est décorée des ordres dorique et corinthien, superposés et couronnés d'un fronton triangulaire avec tous les ornements qui leur sont propres. Deux statues de marbre de onze pieds de haut, représentant saint Louis, par Coustou l'aîné, et Charlemagne, par Coysevox, sont placées dans des niches aux deux côtés de la porte. Le dôme s'élève majestueusement au-dessus de la façade, s'appuyant sur un ordre de colonnes corinthiennes groupées : il reçoit une coupole surmontée d'une lanterne au-dessus de laquelle est une aiguille terminée par une croix, à la hauteur de trois cents pieds. Il est couvert en plomb, et orné de douze grandes côtes dorées, entremêlées de trophées d'armes qui sont pareillement dorés.

La construction de ce monument, terminée en 1706, dura trente ans. Jules Hardouin Mansard en fut l'architecte, et Louis XIV y déploya toute sa magnificence; on la reconnoît dans la grandeur du plan, dans la beauté de son exécution et dans la richesse de ses ornements. Autour de l'intérieur du dôme sont six chapelles, dont les peintures sont de la plus grande beauté. On voit dans la coupole principale l'*Apothéose de saint Louis*, offrant à Dieu sa couronne et son épée, par Charles de Lafosse; les quatre Évangélistes entre les arcs doubleaux, par le même; dans la première voûte, les douze Apôtres, par J. Jouvenet; dans les chapelles de saint Jérôme, saint Ambroise, saint Augustin, et de saint Grégoire, l'Histoire de ces Pères de l'Église, par Boullongne, à l'exception de la dernière, peinte originairement par Charles Lebrun, et refaite par M. Doyen; dans la voûte du sanctuaire, le *Mystère de la Trinité*, et l'*Assomption de la Vierge*, par Nicolas Coypel. Le pavé du dôme et des chapelles est remarquable par ses beaux compartiments, entremêlés de lis et de chiffres, des armes de France et du cordon de l'ordre du Saint-Esprit. Dans une des chapelles de droite est le Tombeau de Turenne : ce monument, érigé sur sa tombe à Saint-Denis, et transporté en 1800, le représente expirant dans les bras de la Victoire ; aux deux côtés, la *Sagesse* et la *Valeur* déplorent la perte du héros ; sur le devant un bas-relief en bronze représente la bataille de Turckeim, et pour toute inscription on y lit le nom de TURENNE ; non loin de lui repose le maréchal de Vauban.

PALAIS DU LUXEMBOURG,
du côté du Jardin.

PALAIS DU LUXEMBOURG,

DU COTÉ DU JARDIN.

N° 10.

Marie de Médicis fit construire, en 1615, le Palais du Luxembourg, sur le terrain de l'ancien hôtel de Luxembourg, dont il a conservé le nom. Après elle ce palais fut possédé par Gaston de France, frère de Louis XIII, et successivement par mademoiselle de Montpensier, et par la duchesse de Guise, qui le vendit à Louis XIV. Louis XVI en fit don à son frère, comte de Provence, aujourd'hui Louis XVIII, heureusement régnant. Converti en prison pendant les orages de la révolution, il fut entièrement dégradé. Le directoire commença à le faire restaurer pour y établir sa demeure. Après la chute du directoire il fut donné au sénat; il est aujourd'hui le Palais de la Chambre des Pairs.

Le plan général de l'édifice, exécuté sur les dessins de Jacques Desbrosses, auquel le palais de Piti, à Florence, servit de modèle, consiste en une vaste cour flanquée de quatre corps de bâtiments carrés, que l'on appelle pavillons. Ils sont liés par deux ailes au principal corps de bâtiment, composé de deux étages, dont la façade est sur le jardin. Son architecture, simple et mâle, rappelle par ses bossages l'architecture florentine. Sa longueur est de cinquante toises; elle est décorée des ordres toscan et dorique. Sous le fronton du milieu, est une méridienne, accompagnée de quatre statues, par M. Cartelier. La façade entière est couronnée par une balustrade.

Les jardins, augmentés des terrains provenant du cloître des Chartreux, sont aujourd'hui, par leur étendue, leur disposition et la grande quantité de statues qui la décorent, au nombre des plus beaux jardins de l'Europe. L'avenue qui unit l'Observatoire au Luxembourg, a été conduite par une pente si douce que l'on s'aperçoit à peine d'une différence de niveau de cinquante-quatre pieds entre ces deux monuments, qui semblent avoir été construits pour se servir l'un à l'autre de perspective.

PALAIS DU LUXEMBOURG.

On trouve dans le jardin, sur la gauche du Palais, une fontaine construite par Jacques Desbrosses, qui est regardée comme un modèle de l'ordre toscan : quatre colonnes supportent un entablement au-dessus duquel s'élève un fronton accompagné de deux fleuves ; l'eau s'échappe d'une grotte dans un bassin circulaire. Telle est la composition de ce joli monument, dont on doit la restauration aux soins de M. Chalgrin.

JARDIN DU PALAIS ROYAL.

Publié par Vilquin, à Paris.

JARDIN DU PALAIS-ROYAL.

N° 11.

Le Jardin du Palais-Royal forme un parallélogramme dont les deux côtés sont plantés en allées, et dont le milieu est couvert de pièces de gazon ornées d'une broderie de fleurs. Au centre est une magnifique fontaine composée d'un faisceau de dix-sept jets d'eau divergents, qui dessinent une fleur de lis, sa plus grande hauteur est de cinquante pieds, et le bassin circulaire qui lui sert de vase a soixante et un pieds de diamètre, et deux pieds de profondeur.

Ce Jardin est environné, sur trois côtés, de bâtiments élevés de quatre étages d'uniforme ordonnance; leur façade offre une ligne de cent quatre-vingts arcades, séparées par des pilastres corinthiens, supportant un entablement dans la frise duquel on a percé des fenêtres. L'édifice est couronné d'une balustrade décorée de vases à l'à-plomb des pilastres. Au rez-de-chaussée règne une galerie sous laquelle on circule librement autour du Jardin; elle reçoit le jour par les arcades, et la nuit elle est éclairée par cent quatre-vingts lanternes. Le fond de la galerie est occupé par des boutiques brillantes où sont étalées les marchandises les plus rares de l'univers, et les productions les plus riches du bon goût et des arts.

PALAIS ROYAL,
du côté de la Place.

PALAIS-ROYAL.

Le cardinal de Richelieu fit construire, en 1629, un palais qui prit le nom de Palais Cardinal, aujourd'hui le Palais-Royal. Dans l'année 1636, ce ministre, voulant mettre ce beau monument à l'abri des caprices des hommes et de la fortune, en fit donation au roi Louis XIII, qui l'accepta, et qui vint l'habiter. Il servit aussi de résidence à Louis XIV, dans les premières années de sa minorité. Ce monarque, en l'an 1692, le donna en augmentation d'apanage à Philippe, Fils de France, premier duc d'Orléans, son frère unique. La salle de spectacle qui avoit été élevée par les soins du cardinal de Richelieu, et où jouèrent les Italiens et la troupe de Molière, ayant été détruite par un incendie en 1753, Louis Philippe, duc d'Orléans, en fit exécuter la reconstruction. Un second incendie la consuma en 1781; une nouvelle salle plus vaste et plus belle fut élevée sur les dessins du célèbre architecte Louis.

La façade du côté de la rue Saint-Honoré fut bâtie en 1781; elle présente deux pavillons ornés de colonnes doriques et ioniques, et couronnés de frontons qui sont unis par un mur aux trois portes qui servent d'entrée. Les deux ailes des bâtiments de la première cour sont décorées de pilastres des mêmes ordres. Le vestibule qui conduit à la seconde cour est soutenu de colonnes doriques; la façade du côté de cette cour est composée de deux avant-corps de colonnes ioniques surmontées d'un attique.

A droite du vestibule est un superbe escalier ovale, construit sur les dessins de Désorgues : sa rampe, en fer poli, passe pour un chef-d'œuvre de serrurerie, dû à M. Corbin ; elle est décorée de deux génies en bronze portant chacun un palmier ; au premier sont les appartements d'honneur du prince.

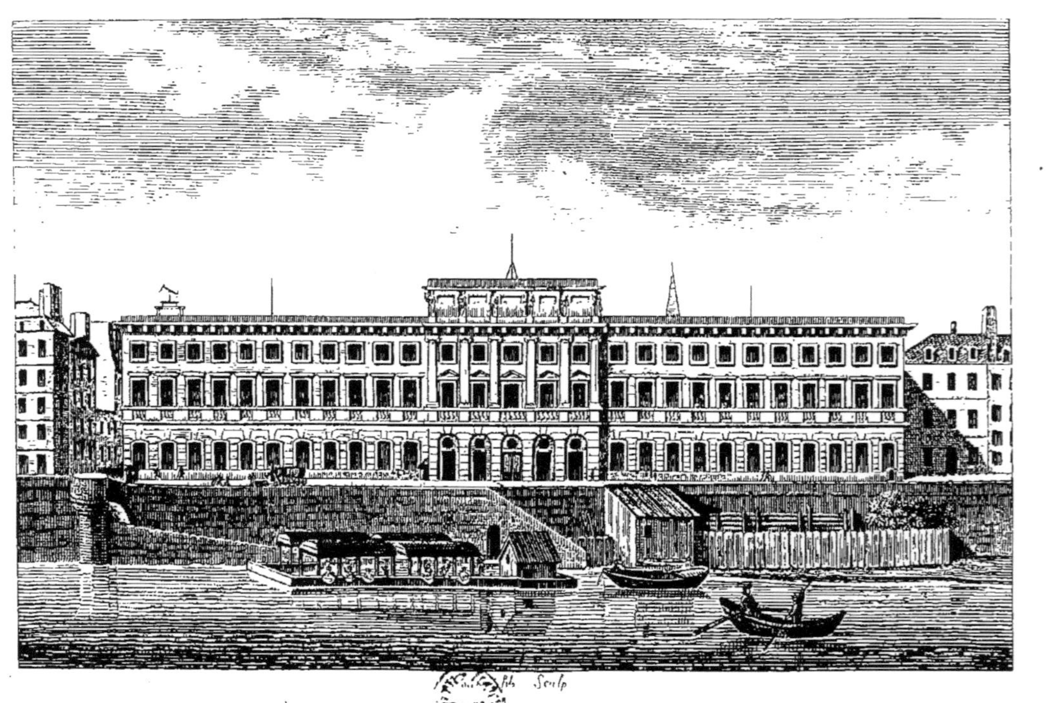

HÔTEL DES MONNOIES.

HOTEL DES MONNOIES.

L'hôtel des Monnoies étoit autrefois dans la rue de ce nom, en face du Pont-Neuf : il menaçoit ruine lorsque M. de Laverdi en fit construire un digne de la capitale, sur l'emplacement de l'ancien hôtel de Conti ; sa façade principale, sur le quai, est de soixante toises de largeur et de quatorze de hauteur. Elle est décorée d'un avant-corps formé de six colonnes ioniques élevées sur un soubassement de cinq arcades ornées de refends. Un grand entablement, embelli de consoles et de modillons, couronne l'édifice dans toute sa longueur. Son avant-corps est surmonté d'un attique au-devant duquel sont des figures, debout et isolées, représentant la *Loi*, la *Prudence*, la *Force*, le *Commerce*, l'*Abondance* et la *Paix*, par MM. Pigalle, Mouchi et Lecomte.

Sa façade, sur la rue Guénégaud, offre un attique sur un soubassement de même hauteur que celui de la première façade, orné de bossages. Sur son avant-corps du milieu sont des figures représentant les quatre Éléments, par Caffieri et Dupré.

A l'entrée principale de l'édifice, s'offre un vestibule orné de vingt-quatre colonnes doriques ; à droite est un magnifique escalier décoré de seize colonnes ioniques, conduisant au cabinet de minéralogie qui occupe le pavillon du milieu. Dans ce Musée, vingt colonnes corinthiennes supportent une tribune régnant au pourtour. Les ornements y sont distribués avec goût et sans confusion ; il est ouvert tous les jours ouvrables, de dix heures à quatre.

La cour principale a cent dix pieds de profondeur, sur quatre-vingt-douze de largeur. La salle des balanciers s'annonce par quatre colonnes d'ordre toscan, qui soutiennent sa voûte surbaissée. Cette pièce a soixante-deux pieds de long sur trente-neuf de large ; elle contient neuf balanciers ; on y voit une statue de la Fortune, par M. Mouchi. La salle supérieure, de même grandeur, contient des places pour cent ajusteurs. Les moulins du laminage sont dans une salle contiguë à celle des balanciers.

HÔTEL DES MONNOIES.

L'entrée de la chapelle est placée sous une des arcades dans la partie droite de la cour; un ordre ionique, sur un soubassement, forme sa décoration intérieure; elle reçoit le jour par le milieu de sa coupole, ornée de caissons.

La Monnoie royale des médailles, dont l'entrée est dans la rue Guénégaud, possède une collection précieuse de tous les carrés et poinçons des médailles frappées depuis l'avénement de François Ier au trône. Ce cabinet est ouvert tous les jours ouvrables, de dix heures à quatre.

PORTE ST DENIS.

Publié par Vilquin, à Paris.

PORTE SAINT-DENIS.

N° 14.

LA Porte Saint-Denis est un arc de triomphe érigé par la ville de Paris à la gloire de Louis XIV, pour avoir, en 1672, en deux mois, passé le Rhin, conquis quarante villes, et soumis trois provinces. On admire dans ce monument, ouvrage de Blondel, l'harmonie des proportions et le fini de l'exécution : il s'élève sur une base de soixante-douze pieds, d'une hauteur de soixante-treize pieds six pouces. Le nu de ses pieds droits est décoré de pyramides et de bas-reliefs chargés de trophées d'armes qui s'élèvent jusqu'au-dessous de l'entablement. Du côté de la ville, on voit au pied des pyramides la figure de la Hollande d'un côté, et de l'autre celle du Rhin. Le bas-relief placé dans le faîte représente le passage du Rhin à *Tholuys*. Du côté du faubourg, les pyramides posent sur des lions couchés : le bas-relief représente la prise de Maëstricht. Des renommées occupent les tympans triangulaires de l'arc. Ce monument, dégradé par le temps, et dépouillé de ses inscriptions pendant la révolution, a été habilement restauré par M. Cellerier. On y revoit, avec toutes ses anciennes inscriptions, celle de sa dédicace gravée sur le frontispice : LUDOVICO MAGNO. Dans tous les temps les Rois de France ont fait leur entrée dans la capitale par la rue Saint-Denis, que les anciennes Chartes appellent la *Grande rue de Paris*. L'histoire a recueilli avec soin tous les détails de ces fêtes pompeuses; mais ces marques extérieures de l'alégresse publique ne donnent qu'une foible idée des sentiments que le peuple faisoit éclater, sur-tout en revoyant des Rois rendus à son amour.

PORTE St MARTIN.

PORTE SAINT-MARTIN.

N° 15.

LA Porte Saint-Martin fut construite un an après celle de Saint-Denis. La ville de Paris érigea ce second arc de triomphe à Louis XIV, pour perpétuer le souvenir de ses victoires multipliées. Moins riche que celle de Saint-Denis, elle ne lui cède ni par l'harmonie des proportions ni par la pureté de l'exécution. Pierre Bullet, qui en fut l'architecte, lui donna cinquante-quatre pieds d'élévation sur une largeur pareille, et une épaisseur de quinze pieds ; elle est percée de trois arcades ; celle du milieu a quinze pieds de largeur et trente de hauteur : les deux autres ont seulement huit pieds de largeur et le double de hauteur. Ses quatre pieds droits sont égaux en largeur ; les deux faces et les retours sont ornés de bossages vermiculés, à l'exception des deux côtés du grand arc, où sont placés les bas-reliefs représentant, du côté de la ville, la *Prise de Besançon*, et la *Triple Alliance* ; du côté du faubourg, la *Prise de Limbourg*, et la *Défaite des Allemands*, sous la figure d'un aigle repoussé par le dieu de la guerre. Ils ont été exécutés par Demarsy, Lehongre, Desjardins, et Legros.

PALAIS DES BEAUX-ARTS.

PALAIS DES BEAUX-ARTS.

N° 16.

Le cardinal Mazarin fonda par son testament un collége pour l'éducation de soixante gentilshommes de quatre nations différentes. Ce collége fut construit, en 1662, par Dorban, sur les dessins de Leveau, et prit le nom de *Collége Mazarin*, ou des *Quatre Nations*. Supprimé par la révolution, il fut donné à l'Institut de France, et depuis lors il porte le nom de Palais des Beaux-Arts.

La façade de cet édifice, élevée sur un plan semi-circulaire, est composée de deux pavillons, de deux corps-de-logis et d'un dôme qui s'élève au-dessus d'un avant-corps décoré d'un péristyle d'ordre corinthien. Six groupes sculptés par Desjardins, ornent cet avant-corps. Au bas du perron de la principale entrée sont deux fontaines composées de lions contreposés, qui lancent l'eau par la gueule. Sur la porte d'entrée on lit : *Institut de France.*

Cette société savante, l'une des plus illustres de l'Europe, est divisée en quatre classes : la classe des Sciences mathématiques ; la classe de la Langue et de la Littérature françoise ; la classe d'Histoire et de Littérature ancienne, et la classe des Beaux-Arts. Elle tient ses séances publiques dans l'ancienne église du collége.

On voit dans l'intérieur la bibliothéque Mazarine, fondée, comme le collége, par le testament de Mazarin ; elle contient environ soixante mille volumes, et le public y est admis tous les jours ouvrables, excepté le jeudi, depuis dix heures jusqu'à deux. Les salles sont décorées de bustes en marbre, de statues antiques, et enrichies d'un très beau globe terrestre fait par M. Buache. On remarque au haut de l'escalier qui y conduit, une belle copie du Ditiobole en repos, que l'on voit au Muséum des antiques.

Auprès de cette bibliothéque est celle de l'Institut, qui n'est ouverte que le mercredi et le jeudi.

L'École des Beaux-Arts a été transportée dans cet édifice ; elle embrasse la Peinture, la Sculpture et l'Architecture. Dans la première section, douze professeurs et huit adjoints enseignent la peinture et la sculpture. Les cours de la section d'Architecture sont donnés par trois professeurs, dont l'un enseigne les principes de l'art de bâtir, chaque samedi, depuis une heure jusqu'à deux ; l'autre donne des leçons de mathématiques et de géométrie, les mercredis et vendredis, depuis onze heures jusqu'à une heure après-midi : on y démontre la coupe des pierres, des bois de charpente et de menuiserie, les mercredis et vendredis, à six heures du soir.

FONTAINE DES INNOCENS.

Publié par Vilquin, à Paris.

FONTAINE DES INNOCENTS.

N° 17.

LA fontaine qu'on voit au milieu du Marché des Innocents, fut érigée en 1551 à l'angle de la rue aux Fers, sur les dessins de Pierre Lescot et de Jean Goujon. Comme il étoit impossible de lui laisser occuper le lieu dans lequel elle se trouvoit bâtie, M. Six conçut l'idée de la faire transporter au milieu de la Place dont elle forme maintenant le plus bel ornement, et de faire ajouter une quatrième façade devenue nécessaire dans son isolement. Cette idée fut exécutée par MM. Poyet, Molinos, et Legrand. La fontaine fut démontée, transportée et reconstruite sans que la sculpture en reçût la moindre atteinte. Ce joli monument, élevé sur un socle et des gradins, est de forme carrée ; chacune de ses façades présente un portique ouvert, accompagné de chaque côté de deux pilastres corinthiens, entre lesquels Goujon a sculpté une naïade. Sur son piédestal sont des bas-reliefs ; au-dessus de sa corniche est encore un bas-relief dans l'attique, qui est couronné par un fronton triangulaire. Tout l'édifice est terminé par une coupole couverte en cuivre, dont les lames sont formées en écaille de poissons. Sa hauteur totale est de quarante-deux pieds ; les eaux fournies par le canal de l'Ourcq jaillissent jusqu'à la voûte de la coupole, et retombent en bouillonnant dans une conque ; de là, elles descendent sur une plate-forme dont elles s'échappent en nappes argentées, pour remplir quatre conques, d'où elles débordent en pluie épaisse pour remplir le vaste bassin carré construit au bas de ce monument, où quatre lions lancent encore de leurs gueules un torrent d'eau. On y lit cette inscription : *Fontium Nimphis.* On y a gravé aussi ces vers le Santeuil :

> Quos duro cernis simulatos marmore fluctus,
> Hujus Nimpha loci credidit esse suos.

HÔTEL DES INVALIDES,
du côté de la Rivière.

HOTEL DES INVALIDES,

N° 18.

LA première maison de retraite pour les militaires, fut fondée en 1595, par Henri IV : elle étoit située dans le faubourg Saint-Marcel. Louis XIII transporta cet établissement au château de Bicêtre. Louis XIV en fit le monument le plus glorieux de la France. Il ordonna, en 1671, la construction de l'Hôtel des Invalides, que Libéral Bruart exécuta dans l'intervalle de huit années.

L'édifice occupe une surface de dix-sept mille sept cent soixante-quatorze toises ; il a pour perspective une vaste esplanade bordée d'allées d'arbres, et ornée dans le milieu d'une magnifique fontaine. Il est précédé d'une vaste cour entourée de fossés garnis de canons, et fermée par une superbe grille.

Sa façade se développe sur une étendue de cent deux toises ; son élévation est de trois étages au-dessus du rez-de-chaussée ; elle est percée au bas d'arcades, et présente trois avant-corps ; celui du milieu, dans lequel se trouve la porte principale, est décoré de pilastres ioniques, qui reçoivent un grand arc dans lequel est un bas-relief représentant la statue équestre de Louis XIV. De chaque côté de la porte sont placées sur des socles les figures des nations vaincues par ce monarque. Des statues colossales de Mars et de Minerve accompagnent le portique.

La cour intérieure, appelée Cour royale, a cinquante-deux toises de longueur, et trente-deux de largeur ; elle est intérieurement entourée, au rez-de-chaussée et au premier étage, de portiques ouverts en arcades et formant des avant-corps au milieu de chacune des quatre faces et dans les angles. Celui du fond, qui conduit à l'église, est décoré de deux ordres de colonnes ioniques et composites, l'un sur l'autre couronnés d'un fronton. Toutes les autres façades des bâtiments sont percées régulièrement de croisées, sans autre décoration que leur entablement.

HÔTEL DES INVALIDES.

L'ordonnance et la distribution des bâtiments comprend douze cours, outre la Cour royale.

L'intérieur du grand bâtiment, du côté de la rivière, est occupé partie par le gouverneur et par l'état-major, et partie par les médecins et chirurgiens en chef. Dans le pavillon du milieu est une bibliothèque de vingt mille volumes, ouverte tous les jours ouvrables, depuis neuf heures du matin jusqu'à trois.

Les réfectoires, au nombre de quatre, sont décorés de peintures à fresque, exécutées par Martin, et de six tableaux de Parrocel père, représentant des traits de l'Histoire de Louis XIV.

Dans les combles sont placés les plans en relief des places fortes de France.

PALAIS DE JUSTICE.

Publié par Vilavin, à Paris.

PALAIS DE JUSTICE.

Le Palais de Justice, dont on ne peut assigner l'origine, fut réuni à la couronne par Hugues Capet; il servit de résidence ordinaire aux Rois de la troisième race, jusqu'à Charles V. Saint Louis y fit bâtir la salle qui porte son nom, la grand'chambre et la Sainte-Chapelle. Philippe-le-Bel y fit de grandes augmentations vers l'an 1313. Un incendie consuma la grand'salle en 1618; elle fut remplacée par la salle des Pas-Perdus, construite par Jacques Desbrosses, en 1622. Un second incendie ayant détruit cet édifice, en 1776, il fut restauré dans l'état où il est aujourd'hui.

Au fond de la cour, appelée Cour du Mai, entre deux arcades, dont l'une conduit à la Conciergerie, et l'autre à l'audience des Criées, se présente un escalier extérieur de dix-sept pieds de hauteur et de soixante de largeur. Le péristyle de l'avant-corps du bâtiment où conduit cet escalier, est décoré de quatre colonnes doriques à l'a-plomb desquelles sont quatre statues colossales représentant: la *Force*, l'*Abondance*, la *Justice*, et la *Prudence*. Au-dessus de l'entablement règne une balustrade derrière laquelle sont les combles, dont le mi-lieu est interrompu par un acrotère; le gradin en pierre, placé à la naissance du dôme quadrangulaire qui couronne l'édifice, est orné au milieu des armes de France, soutenues par deux anges. Les deux ailes latérales de la cour sont percées au rez-de-chaussée d'arcades au-dessus desquelles s'élève un bâtiment de deux étages. Elles sont terminées par deux gros pavillons décorés chacun de quatre colonnes doriques. Dans l'aile droite est un escalier couvert, de la plus grande beauté.

La cour est fermée par une grille de vingt-trois toises, s'ouvrant par trois portes, dont celle du milieu est surchargée de dorures et d'ornements.

Devant le palais, est une place semi-circulaire, sur l'emplacement de laquelle existoit autrefois la maison du père de Jean Châtel.

A l'angle du côté du pont, est une tour carrée, où fut placée, en 1370, la première grosse horloge que l'on vit à Paris. Dans le lanternin qui la surmonte, étoit placée, avant 1792, la cloche du Palais, qui ne sonnoit que pour annoncer la naissance ou la mort des Rois et des Dauphins.

On admire dans l'intérieur la salle des Pas-Perdus, dont la longueur est de trente-sept toises, et la largeur de quatorze ; elle est composée de deux nefs collatérales, dont les voûtes sont séparées par des arcades portant sur des piliers. On estime beaucoup la construction des archives placées au-dessus de la grand'salle.

Le défaut d'harmonie qu'on remarque dans cet édifice, vient de ce que l'exécution du plan fut confiée à plusieurs architectes.

ÉGLISE CATHÉDRALE DE NOTRE-DAME.

Publié par Vilquin, à Paris.

ÉGLISE CATHÉDRALE DE NOTRE-DAME.

N⁰ 20.

Lᴀ première église de Paris fut construite sur les ruines d'un temple
que les nautonniers parisiens avoient consacré à Jupiter, Vulcain,
Castor, et Pollux, sous le règne de Tibère ; elle étoit dédiée à saint
Étienne. Près de cette église, Childebert, fils de Clovis, en fit bâtir
une seconde en 522, sous l'invocation de la Vierge. En 1160, Maurice
de Sully, évêque de Paris, entreprit de réunir ces deux églises, il
jeta les fondements de la basilique de Notre-Dame, qui ne fut achevée
qu'après trois siècles de travaux.

Sa façade présente un portique percé de trois portes en enfoncement, surchargées d'une multitude de sculptures bizarres. Au-dessus,
sur une même ligne de toute la largeur du portail, règne une première galerie soutenue par de petites colonnes dans l'intervalle desquelles étoient placées les statues de vingt-huit Rois de France, depuis Childebert Iᵉʳ jusqu'à Philippe-Auguste. Immédiatement au-dessus des deux portes latérales, s'élèvent deux grosses tours carrées de
quarante pieds sur chaque face, et de deux cent quatre pieds d'élévation jusqu'à leur plate-forme. Dans la tour à gauche est la grosse
cloche, ou bourdon, nommée *Emmanuel*, qui pèse trente-deux milliers. Entre ces deux tours, et au-dessus de la rose qui éclaire la nef
est une galerie soutenue par des colonnes gothiques d'une délicatesse
surprenante ; la largeur de cette façade est de cent vingt pieds.

La forme de l'édifice est une croix latine : à chaque extrémité de la
croisée est une porte d'entrée surmontée d'une rose à jour, dont on
admire les vitraux ; ils furent réparés en 1752, par Pierre Levieb, qui
avoit retrouvé l'art de peindre sur verre.

Le corps du bâtiment est étayé d'un grand nombre d'arcs-boutants
de différentes hauteurs ; ses dehors sont décorés de pyramides, d'obélisques et de frontons. Trois galeries extérieures unissent élégamment
toutes les formes pyramidales. La charpente qui soutient la toiture
en plomb, est de bois de châtaignier ; elle a trente pieds d'élévation
et trois cent cinquante-six pieds de longueur.

ÉGLISE CATHÉDRALE DE NOTRE-DAME.

Les fondations ont vingt-deux pieds de profondeur, et reposent sur un gravier solide. La sacristie, construite sur les dessins de M. Soufflot, est remarquable par sa coupe ingénieuse.

Ce monument est le plus vaste de l'Europe ; et malgré les dégradations qu'il a essuyées il est encore un des plus magnifiques.

HÔTEL DE VILLE.

Publié par Vilquin, à Paris.

HOTEL-DE-VILLE.

N° 21.

L'Hotel-de-Ville, commencé en 1533, par Dominique Cortone, et terminé en 1606, a été construit sur l'emplacement de la Maison de Grève, qui avoit servi d'hôtel aux Dauphins, et qui fut achetée par les bourgeois de Paris, en 1357, pour tenir leur *parloir*. Ce bâtiment offre une ordonnance régulière dans ses formes ; il est flanqué de deux pavillons et orné de colonnes d'ordre corinthien. Dans le cintre, au-dessus de la porte d'entrée, on voit la statue équestre d'Henri IV. La cour à laquelle on monte par un escalier couvert, est bordée d'arcades dans son pourtour ; au fond, est une statue pédestre de Louis XIV, par Coysevox. Au premier sont de vastes salles, et les bureaux de la préfecture qui y sont établis. La Place de Grève, qui est au-devant, n'est décorée d'aucun édifice remarquable ; elle est le théâtre des exécutions publiques.

ÉCOLE DE MÉDECINE.

Publié par Vilaçan, à Paris.

ÉCOLE DE MÉDECINE.

N° 22.

L'École de Médecine, commencée en 1744, sous le règne de Louis XV, qui en posa la première pierre, fut terminée sous le règne de Louis XVI. Cet édifice est composé de quatre bâtiments formant une cour de onze toises de profondeur, sur seize de largeur. Un péristyle de quatre rangs de colonnes réunit les deux ailes ; sa décoration extérieure consiste, dans toute l'étendue de la façade et au pourtour de la cour, en un ordre ionique qui n'excède pas la hauteur du rez-de-chaussée. Au fond de la cour est un péristyle de six colonnes corinthiennes du plus grand modèle, couronné d'un fronton décoré de sculptures : il annonce l'entrée d'un vaste amphithéâtre, capable de contenir douze cents personnes. Dans les ailes sont placés un magnifique cabinet d'anatomie humaine et d'anatomie comparée, et une bibliothèque très riche en ouvrages sur l'art de guérir. L'un et l'autre sont ouverts au public, les lundis, mercredis et vendredis, depuis dix heures jusqu'à deux.

Dans cette savante École, la pratique marche avec la théorie ; dix-huit professeurs enseignent toutes les parties de la science médicale, et six professeurs apprennent aux élèves, auprès du lit des malades, les opérations de l'art. La pratique s'exerce à l'Hôtel-Dieu, à l'Hôpital de la Charité, et à l'Hospice de l'École, où l'on traite gratuitement les maladies rares dont l'observation peut avancer les progrès de la chirurgie.

La Place de l'École de Médecine est ornée d'une fontaine dont le dessin a été donné par M. Gondouin : une nappe d'eau tombe du sommet d'une grotte formée par quatre colonnes doriques cannelées, et portant un attique.

PANTHÉON ou NOUVELLE ÉGLISE DE Ste GÉNEVIÈVE.

PANTHÉON,

OU

NOUVELLE ÉGLISE DE SAINTE-GENEVIEVE.

N° 23.

L'ANCIENNE Église de Sainte - Geneviève menaçoit ruine lorsque Louis XV ordonna d'élever un nouveau temple à la patrone de Paris ; il en posa lui-même la première pierre en 1764. Cette Église, construite sur le plan de M. Soufflot, présente la forme d'une croix grecque de trois cent quarante pieds de long, compris le péristyle, sur deux cent cinquante de large hors d'œuvre. Au centre s'élève un dôme de soixante-deux pieds huit pouces de diamètre ; au-devant est un péristyle composé de vingt-deux colonnes corinthiennes de cinquante-huit pieds de haut, compris base et chapiteau, et de cinq pieds et demi de diamètre, supportant un fronton triangulaire évidé. Sa base est de cent vingt pieds, et sa hauteur de vingt-quatre. Il est enrichi de bas-reliefs et d'ornements de sculpture.

Le dôme est environné, à l'extérieur, de trente - deux colonnes d'ordre corinthien, qui forment une magnifique galerie circulaire · il reçoit une coupole élégante, surmontée par un lanternin dont la hauteur totale est de deux cent quatre-vingt-deux pieds.

Il n'est entré aucune charpente dans cette construction ; la seconde coupole est en pierre ; elle est suspendue entre les deux voûtes.

L'architecture intérieure répond, par sa magnificence, à la richesse du dehors. La hauteur de la voûte principale est de cent soixante-dix pieds. Cent trente colonnes cannelées, d'ordre corinthien, supportent un entablement dont la frise est ornée de rinceaux. Au - dessus sont des tribunes bordées de balustrades ; les voûtes sphériques sont ornées de bas-reliefs. Le pavé est fait en marbre de Château-Landon ; le point du centre présente les plus beaux compartiments.

Sous le pavé est un vaste monument sépulcral dans lequel on

descend par deux portes placées au chevet de l'Église. Vingt colonnes d'ordre toscan, et les piliers nécessaires aux constructions supérieures soutiennent la voûte, surbaissée de son plafond à dix-huit pieds de hauteur. Une sombre clarté pénètre entre les piliers, au travers d'embrasures placées en forme de soupiraux. Sous le dôme sont deux galeries inscrites l'une à l'autre à la manière des labyrinthes. Au centre est une chambre circulaire de douze pieds de diamètre, où sont placés les tombeaux. Plusieurs autres galeries, salles et caveaux, ont la même destination.

L'Église de Sainte-Geneviève reçut dans la révolution le nom de Panthéon, et fut destinée à la sépulture des grands hommes. On plaça sur son frontispice cette inscription : AUX GRANDS HOMMES LA PATRIE RECONNOISSANTE. Les cendres de Voltaire, de Rousseau, et de Descartes, y furent transportées. Elle fut pendant quinze ans le tombeau des ministres, des maréchaux, des cardinaux, des sénateurs, et des grands-officiers de la Légion-d'Honneur. Ce magnifique monument est un des plus beaux édifices du monde.

CABINET D'HISTOIRE NATURELLE.

CABINET D'HISTOIRE NATURELLE.

N°. 24.

Le Cabinet d'Histoire Naturelle fut établi par Louis XIII, en 1636, pour la culture et l'étude des plantes médicinales. Fagon, Chirac, et Dufay, qui en furent successivement directeurs, y firent entrer d'autres branches de l'histoire de la nature. Buffon, qui leur succéda, l'appela toute entière, et depuis lors ses trois règnes composent ce Musée, le plus riche qui soit connu.

Le bâtiment qui renferme la collection des objets inanimés, n'a rien à l'extérieur de remarquable, mais l'intérieur en est distribué de la manière la plus favorable à leur exposition. Au premier étage est une galerie qui contient les minéraux, les poissons, les lézards, les serpents, les coquillages, les végétaux, et les animaux fossiles. Dans la galerie supérieure sont les coquilles, les madrépores, les serpents, les papillons, les oiseaux, et les quadrupèdes de toute espèce. Ces galeries sont ouvertes au public, les mardis et vendredis, depuis trois heures jusqu'à cinq. On y trouve aussi une belle bibliothèque dans laquelle est placée la statue de Buffon, avec cette inscription : MAJESTATI NATURÆ PAR INGENIUM.

De longues allées conduisent des galeries à la Seine. A droite est un bois touffu; à gauche l'École de Botanique et les Serres. Au milieu un immense parterre, garni de plantes destinées pour le remplacement de l'École de Botanique. Dans un bassin sont cultivées les plantes aquatiques. Les carrés, qui se prolongent depuis ce bassin jusqu'à la Seine, sont consacrés à l'étude de l'agriculture : ils réunissent, par ordre séparé, tous les arbres, toutes les plantes qui font la richesse agricole de la France, des modèles de la taille des arbres, de plantations, de greffe, de marcottes, de semis, de fossés et de haies, pour défendre les propriétés.

Le Jardin de Botanique contient plus de sept mille plantes disribuées suivant la méthode de Jussieu. Des serres immenses renferment un grand nombre de plantes exotiques. Le Jardin est ouvert aux étudiants, tous les jours, depuis quatre heures du soir jusqu'à la nuit.

A la gauche de ce Jardin est l'Amphithéâtre d'anatomie, dont la porte est décorée de deux colonnes doriques, supportant un fronton représentant la Nature entourée de trois Règnes. Près de là est l'entrée de la Vallée Suisse, dont la ménagerie offre la perspective la plus pittoresque : les animaux y sont en plein air, et chaque espèce a une habitation analogue à ses habitudes. Les singes et les oiseaux occupent la partie supérieure de la vallée.

Vers l'entrée du Jardin, du côté de la rivière, sont renfermés dans des loges, le lion, le tigre, le léopard, la panthère, l'hyène, l'ours et le loup.

Treize professeurs attachés à cet établissement y enseignent toutes les parties de la science de la nature.

ÉGLISE DE St SULPICE.

ÉGLISE DE SAINT-SULPICE.

Anne d'Autriche posa la première pierre de l'Église de Saint-Sulpice, en 1646. Louis Laveau fut son premier architecte. Le portique est de Servandoni. Sa façade est de soixante-quatre toises : elle est composée de deux ordres dorique et ionique, placés l'un au-dessus de l'autre. Les colonnes doriques ont quarante pieds de haut et cinq pieds de diamétre; leur entablement est de dix pieds. Les colonnes ioniques du second ordre ont quatre pieds trois pouces de diamétre, trente-huit pieds de hauteur, et un entablement de neuf pieds. Aux deux côtés s'élèvent deux tours de deux cent dix pieds de hauteur, d'ordonnances différentes ; celle de droite, achevée en 1777 sur les dessins de M. Chalgrin, offre dans son premier ordre un plan carré, composé de douze colonnes surmontées d'un fronton triangulaire. Au-dessus règne un quatrième ordre seulement, de huit colonnes érigées sur un plan circulaire, terminé par une balustrade. Sur la tour du Nord est le télégraphe qui correspond avec Strasbourg ; et sur celle du Sud celui qui correspond avec l'Italie. Au pied des tours sont deux chapelles ornées de huit colonnes corinthiennes.

On monte dans l'Église par un perron de vingt-deux marches. La tribune de l'orgue est soutenue par un péristyle d'ordre composite, dessiné par Servandoni. Les arcades de la nef et du pourtour du sanctuaire sont ornées de pilastres d'ordre corinthien, et les piliers recouverts en marbre à cinq pieds de hauteur. La longueur totale de l'Église, depuis la porte jusqu'à la chapelle de la Vierge, est de trois cent trente-six pieds, et son élévation, depuis le pavé jusqu'à la voûte, est de quatre-vingt-dix-neuf. Le rond-point est terminé par la magnifique chapelle de la Vierge : sur son autel, de marbre blanc, s'élèvent des colonnes de marbre bleu d'ordre composite, à chapiteaux dorés, supportant une frise et un entablement, couronnés par plusieurs figures de bronze. La statue de la Vierge, portée sur des nuages, est de Pigalle. La coupole de la chapelle, peinte à fresque par Lemoine, représente l'*Assomption*.

Sur le pavé de la croisée est une méridienne tracée par Henri Sully. Des urnes de granit d'Égypte servent de bénitiers aux portes de la croisée : ceux qui se trouvent à l'entrée de la nef sont formés par les valves de deux énormes coquilles dont la république de Venise fit présent à François Ier.

La place qui est devant l'Église, formée sur l'emplacement du Séminaire de Saint-Sulpice, est ornée d'une Fontaine composée d'un petit massif carré, dont chaque face est surmonté d'un fronton sans support : chacune d'elles présente un bas-relief en marbre, représentant la *Paix*, l'*Agriculture*, le *Commerce* et les *Arts*, par M. Espercieux.

PALAIS BOURBON (CHAMBRE DES DÉPUTÉS).

PALAIS BOURBON.

(CHAMBRE DES DÉPUTÉS.)

N° 26.

LA construction du Palais Bourbon fut commencée en 1722. La partie de ce bel édifice qu'on appelle le Grand-Palais, est affectée aux séances de la Chambre des Députés : son entrée sur la Place Bourbon est la plus magnifique de Paris; elle consiste en une grande porte accompagnée de chaque côté de galeries en colonnes corinthiennes isolées, portant des voussures entre deux pavillons. L'avant-cour, de deux cent quatre-vingts pieds de long sur cent soixante-deux de large, est environnée de bâtiments simples et sans caractère, dont la hauteur se raccorde par la corniche avec celle de la Cour d'Honneur; elle a cent quarante pieds de profondeur sur quatre-vingt-seize de largeur, et offre un bel ensemble de portiques et de masses bien distribués. Au fond s'élève et se détache sur le nud du mur un portique orné de huit colonnes corinthiennes, qui annonce la salle des séances.

La façade, du côté du pont de Louis XVI, offre un superbe péristyle formé de douze colonnes corinthiennes isolées, surmontées par un fronton triangulaire. On y arrive par un magnifique escalier, au pied duquel sont deux statues représentant *Minerve* et la *France*. A l'extérieur, et en face du pont, sont les statues assises de *Sully*, *Colbert*, l'*Hopital* et d'*Aguesseau*. Le péristyle est de niveau avec la salle des séances des députés, dont la forme est semi-circulaire.

Le décor de cette salle, exécuté sur les dessins de MM. Fontaine et Percier, est digne de sa destination. Le bureau du président, la tribune, les statues qui l'accompagnent, fixent principalement l'attention. Le pourtour des murs est revêtu de stuc, et orné de lames de cuivre doré; les deux grandes portes, en acajou, sont rehaussées d'étoiles d'or; leurs chambranles en marbre sont richement sculptés. Le pavé, en compartiments de marbre, est orné d'attributs allégoriques; de chaque côté sont deux salons dans lesquels le Roi se repose lorsqu'il se rend au Corps-Législatif ; ils sont remarquables par la richesse de leurs décorations.

Le Jardin du Palais Bourbon est composé de parterres, de boulingrins et de bosquets ; il est terminé par une terrasse de plus de deux cent cinquante toises, régnant sur le bord de la Seine, qui lui sert de canal, et qui offre les points de vue les plus riches et les plus variés.

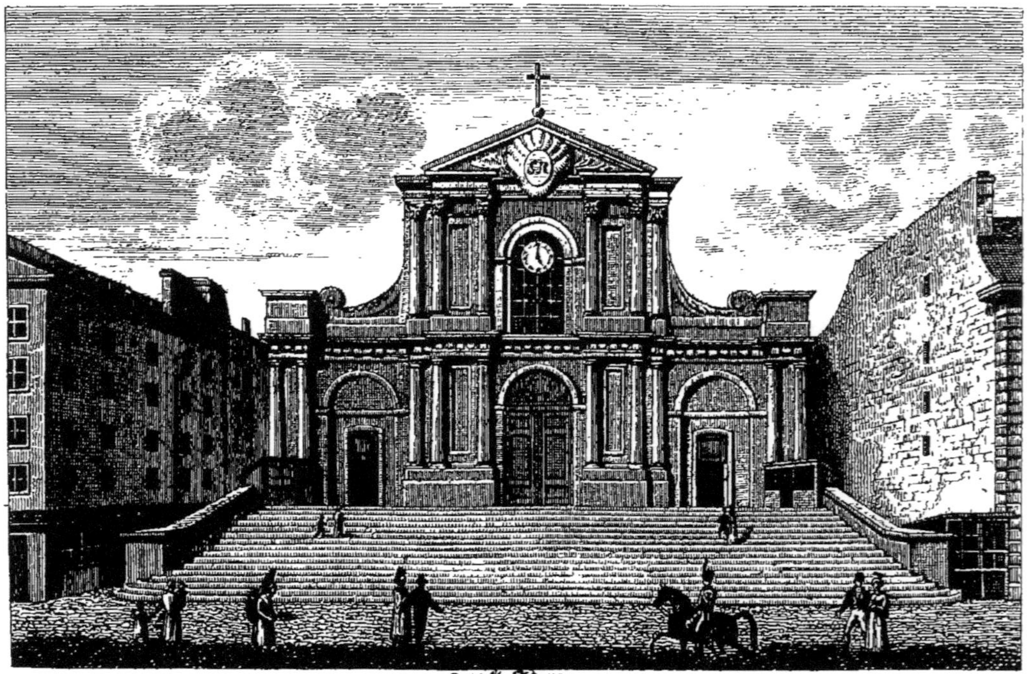

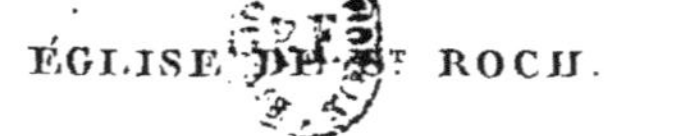

ÉGLISE DE ST ROCH.

Publié par Vilmain, à Paris.

EGLISE DE SAINT-ROCH.

L'Église de Saint-Roch n'étoit autrefois qu'une chapelle succursale de Saint-Germain-l'Auxerrois ; elle fut érigée en paroisse en 1665, et vingt ans après, Louis XIV posa la première pierre de l'édifice actuel, commencé sur les dessins de Louis Lemercier, et terminé par Robert de Cotte, en 1736.

Sa façade a quatorze toises de largeur et quatre-vingt-un pieds trois pouces d'élévation : elle présente deux ordres d'architecture, placés l'un au-dessus de l'autre ; l'inférieur, qui est dorique, offre dans le milieu une espéce de corps avancé, formé de six colonnes, terminé par deux antes accompagnées chacune d'une colonne , et portant en amortissement un acrotère. L'ordre supérieur corinthien s'élève pyramidalement, et n'est composé que de six colonnes surmontées d'un fronton triangulaire.

L'Église, à laquelle on monte par un escalier de dix-sept marches, est décorée d'une architecture dorique. La vue ne s'arrête pas au rond-point de l'autel principal. Son arcade ouverte laisse apercevoir trois chapelles placées successivement derrière le chœur sur la même ligne ; la première, dédiée à la Vierge, est décorée de pilastres corinthiens , et enrichie d'une belle peinture à fresque, représentant l'*Assomption*, par M. Pierre ; la seconde est remarquable par la peinture de sa coupole, représentant le *Triomphe de la Religion ;* la troisième est un Calvaire dont on admire l'architecture sévère, les statues, la caverne et les jours habilement ménagés.

Les chapelles, qui entourent le chœur, sont consacrées aux mystères de la Passion ; elles sont décorées de bas-reliefs qui en représentent les diverses circonstances, et qui ont été exécutés par M. Deseine. Dans les croisées, au-dessus de deux autels , sont deux excellents tableaux, l'un par M. Vien, représentant la *Prédication de saint Denis dans la Gaule ;* l'autre, de M. Doyen, représentant la *Guérison du mal des Ardents par l'intercession de sainte Geneviève.*

La statue de saint Roch , par Nicolas Coustou , est placée dans une chapelle à côté de la principale porte du chœur.

Les cendres du grand Corneille reposoient dans cette Église , à côté de celles du peintre Mignard. On y voyoit aussi des monuments funèbres élevés à Maupertuis , à Le Nôtre , à Mesnager , aux deux statuaires Auguier et à madame Deshoulières : une chapelle sépulcrale les a remplacés.

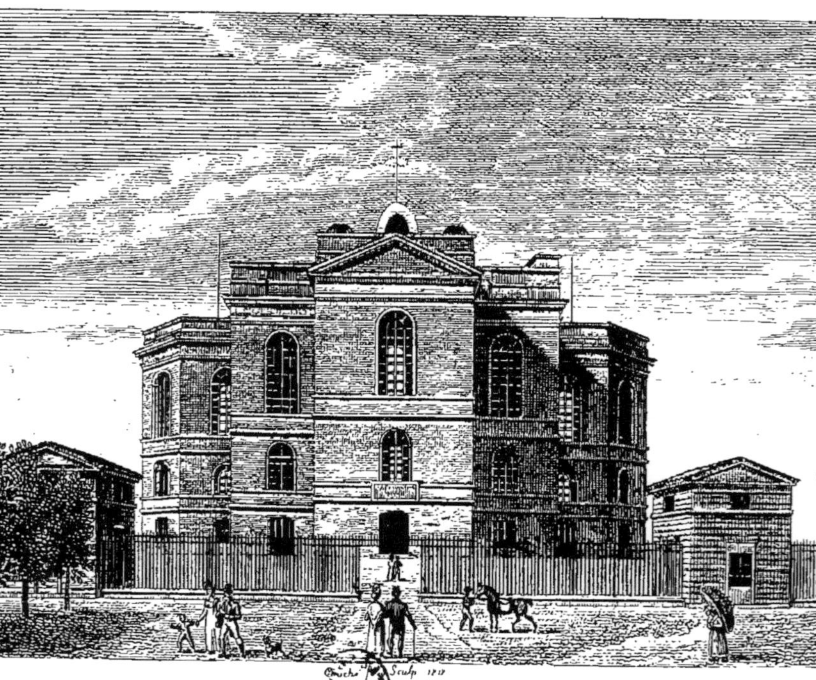

L'OBSERVATOIRE.

L'OBSERVATOIRE.

Louis XIV fit élever l'Observatoire en 1667 : ce monument, dont Claude Perrault fut l'architecte, est destiné à l'étude de l'astronomie. Sa forme est un rectangle dont les quatre faces correspondent aux points cardinaux du monde. On a ajouté deux tours octogones sur deux de ses angles, un avant-corps et une double terrasse vers le Nord. Le fer et le bois n'ont pas été employés dans la construction de cet édifice, dont tous les planchers et tous les escaliers sont voûtés. De la plate-forme qui le couvre, l'œil embrasse un horizon immense.

Six pièces de formes différentes en composent la distribution intérieure ; leurs ouvertures sont exposées aux différents points du ciel. Parmi les instruments destinés aux observations, on remarque un grand télescope dont le pied mobile favorise toutes les directions.

La ligne méridienne tracée sur cet édifice, sert aux astronomes françois de point de départ pour compter leur longitude. Son prolongement s'étendant depuis Dunkerque jusqu'à Barcelone, a servi à mesurer la grandeur de la terre, d'où l'on a déduit le type de nos mesures de longueur.

Au centre du bâtiment on a pratiqué dans toutes les voûtes une ouverture de trois pieds de diamètre qui se prolonge jusqu'au fond des caves, pour mesurer le degré d'accélération de la chute des corps.

Un aéromètre indique la force des vents sur un cadran placé sous la voûte de la salle du Nord.

Une machine, appelée Cuve de Gange, sert à mesurer la quantité d'eaux pluviales qui tombent chaque année.

Les caves, dans lesquelles on descend par un escalier de trois cent soixante marches, servent à des expériences sur les congélations et refrigérations, et pour connoître les différents degrés du chaud et du froid, du sec et de l'humide.

Le bureau des longitudes tient ses séances à l'Observatoire. Les savants qui le composent sont chargés de la publication de la Connoissance des Temps, de perfectionner les Tables astronomiques et les Méthodes de longitudes; de publier les Observations astronomiques et météorologiques. Ce bureau est composé de deux géomètres, quatre astronomes et quatre adjoints, deux anciens navigateurs, un géographe et trois artistes : il correspond avec les autres Observatoires de France et des pays étrangers.

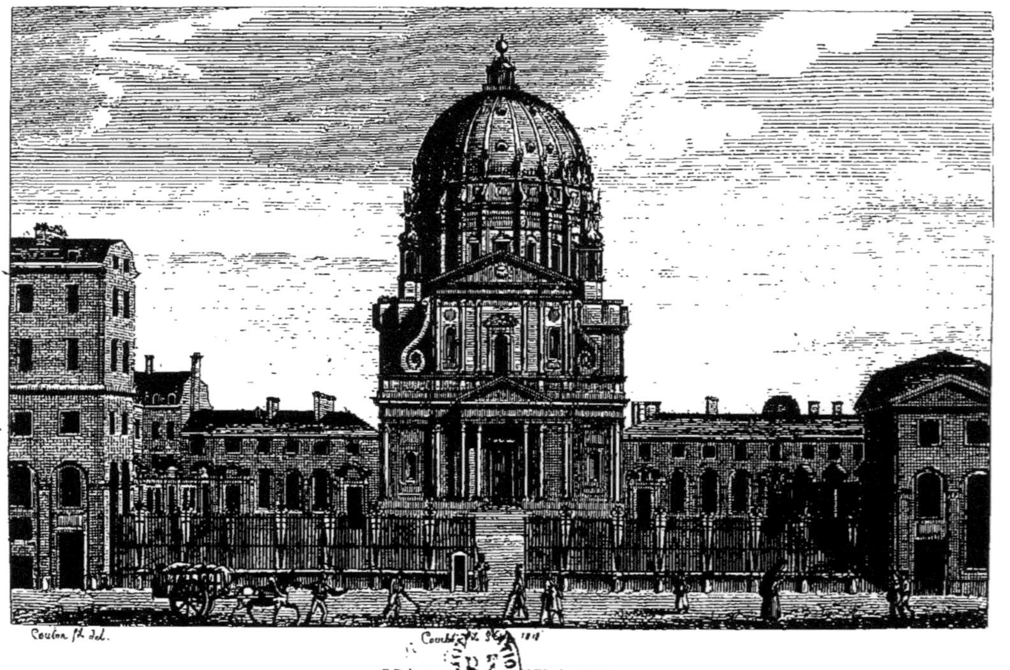

Publié par Vilquin, à Paris.

VAL-DE-GRACE.

Anne d'Autriche, après vingt-deux ans de stérilité, fit vœu d'élever un temple si le ciel lui accordoit un fils. Son vœu fut exaucé, et l'Église du Val-de-Grace fut le monument de la naissance de Louis XIV. Ce monarque en posa la première pierre en 1645. Mansard en fut le premier architecte, mais ayant perdu la faveur de la reine, il fut remplacé par Lemercier et Lemuet, ce qui explique la discordance qu'on y remarque dans le style et dans les ornements.

Sa façade présente un portique avancé, composé de deux ordres d'architecture superposés. Le premier est formé par quatre colonnes corinthiennes isolées; le second par des colonnes composites avec de grands enroulements aux deux côtés; le tout est terminé par un grand fronton. Sur le milieu de l'édifice s'élève un dôme majestueux, surmonté d'un globe qui soutient une croix. L'entrée de l'Église est élevée sur un perron, les bâtiments de l'ancienne abbaye du Val-de-Grace, dont elle occupe le fond, forment les trois côtés de la place qui la précède; le quatrième est fermé par une grille.

L'intérieur de l'Église est orné de pilastres d'ordre corinthien à cannelures rudentées. La plus grande magnificence se fait remarquer dans tous les ornements; la sculpture est d'une exécution très délicate et très achevée. Les six bas-reliefs qu'on voit à la voûte de la nef sont de François Augier.

La décoration du grand autel est d'une grande beauté : six grandes colonnes torses, de marbre brabançon, ornées de palmes, de rinceaux de bronze doré, et posées sur un plan elliptique, soutiennent un baldaquin composé de six courbes qui forment un petit plafond et portent encore en amortissement six consoles terminées par une croix posée sur un globe. Le tabernacle est soutenu par douze petites colonnes : il est orné d'un bas-relief représentant une *Descente de Croix.*

La peinture du dôme est le plus grand ouvrage à fresque que la France possède : Mignard l'acheva en treize mois; elle représente l'intérieur du ciel ; elle contient plus de deux cents figures de proportion colossale.

Les cœurs des princes de la Maison royale, et les cendres de membres de la branche d'Orléans, étoient conservés dans cette Eglise

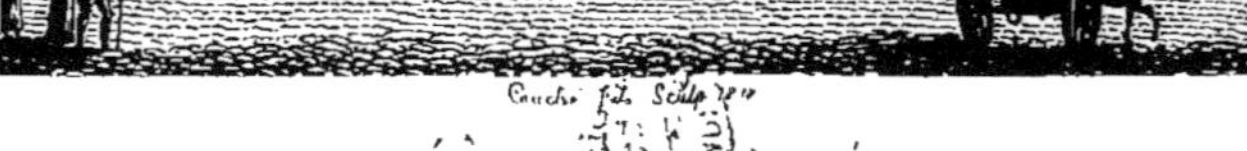

THÉÂTRE DE L'ODÉON.

THEATRE DE L'ODEON,

N° 30.

Le Théâtre de l'Odéon a été construit sous la direction de MM. Peyre et de Wailly. On commença, en 1702, à y donner des représentations. Un incendie, arrivé en 1799, le détruisit presque entièrement; il fut reconstruit sur ses anciennes fondations par M. Chalgrin; un second incendie, arrivé le 20 mars 1818, en a réduit en cendres la salle, qui étoit une des plus belles de la capitale.

Son extérieur présente un seul corps de bâtiment de dix-huit toises et demie de largeur, vingt-huit de profondeur, et neuf d'élévation. Le péristyle, élevé de plusieurs marches, est composé de huit colonnes d'ordre dorique isolées. Au-dessus de l'entablement règne une terrasse. Au rez-de-chaussée est une galerie percée d'arcades, dans laquelle on peut circuler facilement autour du bâtiment. Deux grandes voûtes jetées sur la rue, lui donnent au Midi et au Nord une communication avec les maisons qui en dépendent.

La place qui le précède est le centre de plusieurs rues divergentes, habilement ménagées, pour faciliter la circulation des voitures,

ÉGLISE DE St GERMAIN L'AUXERROIS.

EGLISE DE S. GERMAIN-L'AUXERROIS.

L'Église de Saint-Germain-l'Auxerrois, l'une des plus anciennes de Paris, fut fondée par Childebert et Ultrogothe. Pillée et ruinée par les Normands, elle fut rebâtie par le roi Robert, au commencement du onzième siècle ; elle fut restaurée encore dans le quatorzième. Le portail actuel fut construit en 1435.

Son entrée est un parvis percé de trois entrées en enfoncement, au-dessus duquel règne une terrasse ; dans le fond se présente la façade du corps de l'Église, percée d'une ouverture triangulaire, surmontée d'une corniche au-dessus de laquelle elle se termine en triangle, sans autre ornement qu'une rose évidée qui en occupe le sommet. Cette façade est flanquée de deux tours carrées.

Le parvis est accompagné de deux pavillons carrés, percés pour servir d'entrée, et qui se terminent en pyramide. Dans les côtés sont d'autres pavillons de la même ordonnance, et qui sont unis par une galerie extérieure. Les portes latérales sont ornées d'obélisques d'une sculpture gothique.

L'ensemble de ce monument présente un mélange confus de bâtiments destinés aux cérémonies de la religion et aux fortifications de la guerre.

L'Église de Saint-Germain-l'Auxerrois est la paroisse du Roi. C'est là qu'il va recevoir la communion pascale. Les bans de S. A. R. Monseigneur le Duc de Berry y furent publiés. La procession de la Fête-Dieu vient faire sa station dans la chapelle des Tuileries, elle est suivie par la Famille royale.

On admire la belle grille, en fer poli et en bronze doré, qui ferme le chœur : elle fut exécutée par M. Deamier.

On voyoit dans cette église des monuments et des cénotaphes qui perpétuoient la mémoire des Pomponne de Bellièvre, des Phelippeaux, des Daligre, du comte de Caylus, du poëte Malherbe, d'André Dacier et de sa savante épouse, des peintres Coypel et Stella, du statuaire Coysevox, et de plusieurs artistes fameux que la munificence de nos Rois logeoit dans les galeries du Louvre.

ÉCOLE MILITAIRE.

Publié par Vilquin, à Paris.

ECOLE MILITAIRE.

N° 32.

L'École Militaire fut fondée par Louis XV, en 1751. M. Gabriel en fut l'architecte. L'étendue de ses bâtiments, cours et jardins, comprend un parallélogramme de deux cent vingt toises de largeur et de cent trente de profondeur.

Du côté de la Place de Fontenoy, le principal corps de bâtiment est décoré au rez-de-chaussée de colonnes doriques, surmontées d'un ordre ionique ; au milieu s'élève un avant-corps d'ordre corinthien, dont les huit colonnes supportent un fronton. L'attique embrasse les deux étages. Ce bâtiment est précédé de deux cours environnées d'une galerie de colonnes doriques.

La façade du côté du Champ-de-Mars est décorée d'un seul avant-corps de colonnes corinthiennes, surmontées d'un fronton enrichi de bas-reliefs, et accompagné d'acrotères portant des trophées d'armes et des statues ; elle est couronnée par un dôme qui offre un cadran, environné des figures du Temps et de l'Astronomie.

Le vestibule est décoré de quatre rangs de colonnes d'ordre toscan, entre lesquelles étoient placées les statues du grand Condé, de Turenne, du maréchal de Luxembourg et du maréchal de Saxe. La salle du conseil est ornée de tableaux représentant des batailles.

On a construit dans cet édifice un petit Observatoire, dans lequel un astronome fait des observations journalières.

On voit dans les cours la machine hydraulique inventée par MM. Laurent et Gilleron, qui, par le moyen de quatre pompes établies sur quatre puits couverts, fournit quarante-quatre muids d'eau par heure.

Le Champ-de-Mars est renfermé dans l'enceinte de l'École Militaire. Sa vaste étendue, ses fossés, ses allées d'arbres, l'amphithéâtre de gazon qui s'étend sur toute sa longueur, et le magnifique Pont des Invalides qui en forme l'entrée, présentent la plus belle perspective. Une armée peut y manœuvrer aisément, et l'on y jouit de ce spectacle imposant dans les grandes revues.

ÉCOLE MILITAIRE.

L'École Militaire est placée auprès de l'Hôtel des Invalides. Le modéle est à côté de l'élève.

PALAIS DE LA LÉGION D'HONNEUR.

PALAIS DE LA LEGION-D'HONNEUR.

La Chancellerie de la Légion-d'Honneur a été établie dans l'hôtel que le prince de Salm fit bâtir en 1786, et qui en a pris le nom de Palais de la Légion-d'Honneur. La porte d'entrée présente un arc de triomphe décoré de colonnes ioniques, avec un péristyle du même ordre, qui conduit à deux pavillons en avant-corps dont l'attique a été décoré de bas-reliefs par Roland. Un semblable péristyle ionique règne autour de la cour, en forme de promenoir couvert et continu; il aboutit à un frontispice de colonnes corinthiennes, qui annonce le corps-de-logis principal.

Les appartements de ce palais sont remarquables par l'élégance et la simplicité de leurs ornements; la salle à manger, toute en stuc, est décorée de colonnes ioniques. Le salon principal est de forme circulaire; il a quarante pieds de diamètre et occupe le demi-cercle apparent du milieu de l'édifice.

La façade, du côté du quai, par l'effet de cette construction, présente un avancement semi-circulaire du corps de bâtiment. Cette partie est percée de grandes fenêtres entre lesquelles sont des colonnes corinthiennes avec des statues sur leur aplomb. Le reste de l'édifice est enrichi de bustes et d'autres ornements de sculpture, distribués avec ordre. On jouit de là d'un magnifique point de vue.

THÉATRE ITALIEN.

THEATRE ITALIEN.

Le Théâtre Italien fut élevé en 1782, sur les dessins d'Heurtier. L'édifice est isolé; il est situé sur une place carrée, régulierement bâtie. Sa façade est décorée d'un péristyle de six colonnes d'ordre ionique antique. Un acrotère lisse couronne le dessus de l'entablement. La forme intérieure de la salle est sphéroïdale; elle est agréablement décorée.

BARRIERE DE LA VILLETTE.

Publié par Vilquin, à Paris.

BARRIERE DE LA VILLETTE,

La Barrière de la Villette présente un aspect imposant. Le plan de l'édifice est carré, chacune de ses faces est décorée d'un péristyle de huit pilastres isolés d'ordre toscan, couronné d'un fronton triangulaire. Au-dessus du soubassement s'élève un édifice circulaire formant une galerie percée de vingt arcades, supportée par quarante colonnes accouplées, dont les proportions ne sont d'aucun ordre ancien. Cette architecture, pleine de force, est absolument françoise, et convient parfaitement au magnifique bassin de l'Ourcq, qui sert tout à-la-fois de port pour les bateaux arrivant de la Marne par le canal, et de réservoir pour les eaux de Paris. Ce bassin rectangulaire a six cent dix toises de longueur et soixante et une toises de largeur; ses bords sont plantés d'une double rangée d'arbres. Autant il est embelli par le monument qui le décore, autant il l'embellit à son tour.

HALLE AUX BLED.

Publié par Vilquin, à Paris.

HALLE AUX BLÉS.

N° 36.

LA Halle aux Blés est de forme circulaire. On admire la beauté de sa construction, la légèreté de ses voûtes en briques et la double spirale de ses deux escaliers. Elle fut construite en 1762 pour la vente du blé et des farines. Elle formoit alors une galerie autour d'une cour circulaire de cent vingt pieds de diamètre. Cet édifice étant insuffisant pour contenir l'approvisionnement auquel il étoit destiné, on couvrit sa cour, en 1782, d'une coupole hémisphérique en charpente, qui fut consumée par les flammes en 1802. Cette coupole a été rétablie en fonte sur un plan dont il n'y avoit point de modèle. Elle est disposée avec des assemblages de fer coulé, et recouverte en cuivre laminé, ce qui la rend inaccessible aux ravages du feu. On a construit en même temps à l'origine de la coupole, un plancher supérieur pour recevoir le dépôt d'une quantité considérable de marchandises.

Le développement de cette voûte de fer dans sa montée, est de cent quatre-vingt-huit pieds, sa circonférence est de trois cent soixante-dix-sept pieds, et son élévation du pavé au sommet est de cent pieds. Elle reçoit la lumière par une lanterne supérieure de trente et un pieds de diamètre. Elle est ouverte les mercredis et samedis pour la vente des grains et grenailles, et tous les jours pour les farines.

A l'extérieur de cet édifice on voit une colonne astronomique que Catherine de Médicis fit construire en 1571, par Jean Bullet, dans la cour de l'Hôtel de Soissons. Son ordonnance est dorique; elle est cannelée, et sa hauteur est de quatre-vingt-quinze pieds. Le Père Pingré a tracé vers son sommet un cadran solaire, qui marque l'heure précise du soleil à chaque moment de la journée, et dans toutes les saisons. Dans le piédestal de la colonne on a construit une fontaine,

ÉGLISE DE St ÉTIENNE DU MONT.

EGLISE DE SAINT-ÉTIENNE-DU-MONT.

N° 37.

L'Église de Saint-Étienne-du-Mont fut construite en 1222, pour l'usage des vassaux de l'Abbaye royale de Sainte-Geneviève : elle n'avoit point de porte extérieure; un passage de communication avec l'église de cette abbaye lui servoit d'entrée. La reine Marguerite, en 1610, fit ériger le portail qu'on voit aujourd'hui ; il est orné de quatre colonnes corinthiennes, supportant un fronton triangulaire. La façade, d'ailleurs sans ornements, est dans le genre de celle de l'Église de Saint-Germain-l'Auxerrois, et ne rappelle que l'état de l'architecture dans le siècle où elle fut bâtie.

On admire dans cette Église la coupe extraordinaire de son jubé en pierre, et des tourelles qui y conduisent. On s'étonne de la construction de ses deux escaliers à jour, dont les marches semblent portées en l'air par un corbellement. On doit y remarquer aussi la chaire du prédicateur sculptée par Lestocard, sur les dessins de Lahire, dont une statue colossale de Samson semble supporter l'énorme masse. Les vitreaux des charniers représentent quelques uns des mystères de l'Ancien-Testament; les dessins en sont corrects et les couleurs très vives.

Les restes de sainte Geneviève, et la pierre qui couvroit son tombeau, ont été transportés dans cette Église, ainsi que les deux tableaux de Largilière, que la ville de Paris avoit fait placer dans celle de l'Abbaye. Elle possède aussi les cendres de Jean Racine et de Blaise Pascal ; elles sont déposées dans un caveau de la chapelle de la Vierge, au-dessus duquel on a érigé, en 1818, une pierre tumulaire.

Le pavé de l'Église de Saint-Étienne-du-Mont est de niveau avec le sommet des tours de Notre-Dame.

PONT DU JARDIN DU ROI.

PONT DU JARDIN DU ROI.

Le pont du Jardin du Roi fut commencé en 1802, et terminé en 1807, sur les plans de M. Becquey-Beaupré. Il reçut le nom de Pont d'Austerlitz, en mémoire de la victoire remportée à Austerlitz par l'armée françoise.

Ses piles et ses culées sont en pierre; ses cinq arches sont en fer, leur diamètre moyen est de soixante-dix-sept pieds; la largeur du pont entre les têtes est de trente-sept pieds, et sa longueur totale entre les culées est de quatre cent un pieds.

La construction en est hardie, mais sa solidité est à l'épreuve des plus lourdes voitures.

Ce pont a coûté 3,000,000 francs. On y paie un droit de passage : il joint le Jardin du Roi au boulevard Bourdon, et réunit dans son point de vue une suite de magnifiques tableaux. L'œil embrasse successivement la perspective des campagnes voisines des bords de la Seine, des nouveaux boulevards, du Jardin du Roi, de la halle aux vins, du grenier d'abondance, des tours de Notre-Dame, de la navigation intérieure et du mouvement continuel qu'elle entretient sur les quais.

SORBONNE.

Publié par Vilquin, à Paris.

LA SORBONNE.

N° 39.

La Sorbonne étoit la demeure d'une société d'ecclésiastiques qui s'occupoient de l'étude de la théologie; elle fut fondée, sous le règne de saint Louis, par Robert Sorbon, et devint par la suite une école célèbre. Le cardinal de Richelieu en fit construire l'église dont la façade est le seul monument qui rappelle cette ancienne institution.

Le portail est composé de deux ordres corinthiens, placés l'un au-dessus de l'autre : l'inférieur offre dans le milieu une espéce de corps avancé formé de six colonnes, terminé par deux antes accompagnées chacune d'une colonne. L'ordre supérieur est composé pareillement de six colonnes surmontées d'un fronton triangulaire.

Au-dessus de l'édifice s'éléve un dôme dont la coupole, enrichie d'une belle sculpture, est surmontée par une lanterne.

On voyoit autrefois dans l'église le mausolée du cardinal de Richelieu. Ce superbe monument fut transporté au Musée des Monuments françois.

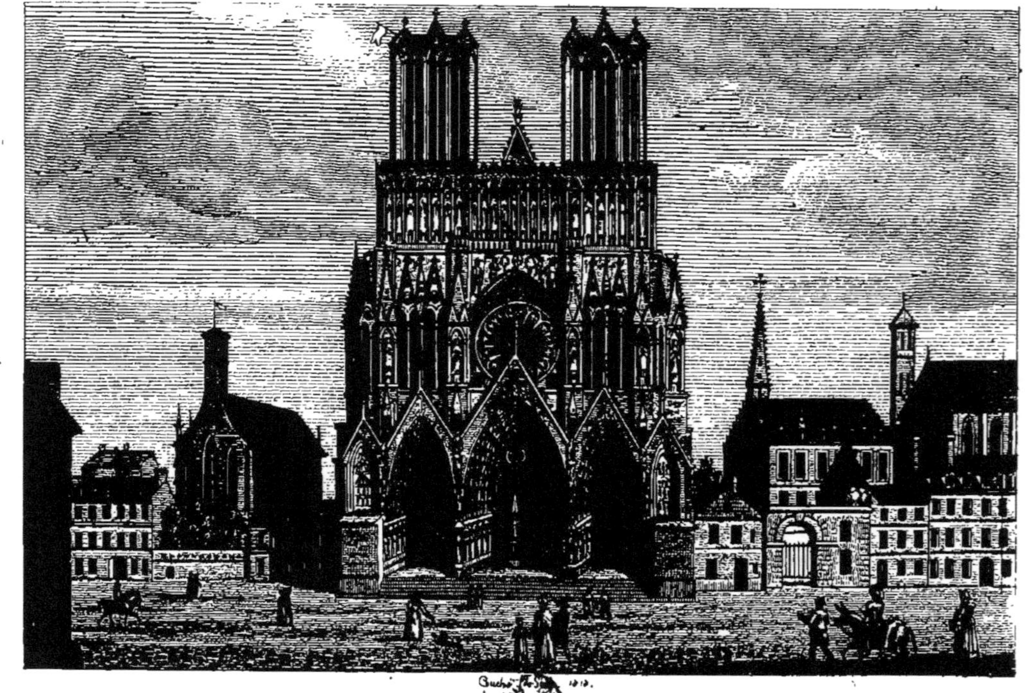

ÉGLISE CATHÉDRALE DE RHEIMS.

EGLISE CATHEDRALE DE REIMS.

L'Église de Reims, plus ancienne que la monarchie françoise, étoit dans son origine dédiée aux apôtres : elle fut consacrée à la Vierge en 431, par Nicaise, qui en fut le onzième évêque. Le magnifique monument qu'on voit aujourd'hui fut l'ouvrage de ses successeurs, parmi lesquels l'histoire cite les noms de saint Remi, d'Ebbon, d'Hinemar, d'Adalberon et d'Albéric. Clovis, après sa victoire de Tolbiac, y reçut le baptême en 497, et les rois Mérovingiens la comblèrent de richesses ; Hugues Capet y fut sacré en 987, et depuis lors ses évêques ont joui du droit de sacrer et couronner nos Rois. Ce droit fut confirmé au cardinal Guillaume de Champagne, frère de la reine Adèle, par Louis le Jeune et Philippe Auguste son fils ; tous leurs successeurs ont reçu l'onction royale à Reims, excepté Henri IV, qui fut sacré à Chartres, parceque Reims étoit au pouvoir de la Ligue, et que le cardinal de Pelleyé qui en occupoit le siége étoit un des plus ardents ligueurs.

Plusieurs conciles ont été tenus dans cette Église, mais le plus mémorable est celui de 1148 ; il fut présidé par le pape Eugène III, et les évêques de la Gaule cisalpine y assistèrent : on y compta onze cents prélats.

Son portail, quoique gothique, est très estimé ; il est percé de trois grandes portes en enfoncement, accompagnées de deux portes figurées et enrichies d'un travail admirable. La façade qui est au-dessus porte deux grandes fenêtres dans le corps de chaque tour, et une immense rose au milieu pour éclairer la nef. Les fenêtres sont divisées en quatre parties, par des colonnes déliées d'une hardiesse étonnante, et qui sont couronnées, ainsi que les piliers, d'une flèche pyramidale. Le travail est surmonté d'une espèce de péristyle dont les colonnes forment une magnifique galerie. Aux deux côtés s'élèvent les deux tours, dont les faces a jour sont divisées dans toute leur hauteur, par des colonnes d'une légèreté admirable. Le sommet de la charpente présente une espèce de flèche entre les deux tours.

Un des arc-boutants de l'Église offre un phénomène curieux : il s'agite lorsqu'on sonne une cloche avec laquelle il se trouve en rapport ; il est insensible au son de toutes les autres.

ÉGLISE ABBATIALE DE St DENIS.

ÉGLISE DE SAINT-DENIS.

N.º 41.

Suivant une ancienne tradition, l'Église de Saint-Denis fut élevée par sainte Geneviève, vers la fin du cinquième siècle, sur le lieu de sa sépulture; ce qui est certain, c'est que Dagobert la rebâtit au commencement du septième, et qu'il y fut inhumé en 638; elle fut agrandie par Charlemagne, en 774, restaurée par l'abbé Suger en 1140, et enfin rebâtie, telle qu'on la voit aujourd'hui, sous le règne de saint Louis, en 1231.

L'édifice se ressent des différentes époques de sa construction. Le défaut d'uniformité dans son plan atteste la succession de ses architectes.

Sa façade, tournée vers le couchant, est percée de trois grandes portes en enfoncement, et de plusieurs fenêtres gothiques; elle est divisée en trois parties, par quatre piliers en forme de petites tours, et terminée par des créneaux, comme une forteresse. Dans les temps des incursions des Normands, on fut obligé de la fortifier pour la mettre à couvert de leurs pillages. L'entrée de l'Église est un reste de l'ancien bâtiment construit sous Charlemagne.

Sur les côtés s'élèvent deux tours carrées, d'une belle architecture gothique, mais d'une ordonnance différente; l'une est surmontée d'un donjon, et l'autre est terminée par une flèche entourée à sa base de six aiguilles.

La charpente qui couvre l'édifice, présente entre les deux tours une face triangulaire presque entièrement occupée par une rose évidée; elle est surmontée d'une statue.

Dagobert, fils de Chilpéric et de Frédégonde, fut enterré dans l'Église de Saint-Denis, en 580. Depuis lors elle a toujours été la sépulture de nos Rois.

L'Abbaye de Saint-Denis étoit la plus célèbre de France, et l'objet spécial de la piété des Souverains. Ils choisirent l'étendard du tombeau de saint Denis pour la grande bannière du royaume, appelée

6

l'oriflamme. Charles-le-Chauve prenoit le titre d'abbé de Saint-Denis, en 867. Elle obtint de grands priviléges des papes auxquels elle donna asile. Elle produisit l'abbé Suger. La Pucelle d'Orléans offrit ses armes à saint Denis, en 1429.

CHÂTEAU DE S.T CLOUD.

CHATEAU DE SAINT-CLOUD.

N° 42.

Le Château de Saint-Cloud est situé sur la rive gauche de la Seine, à
mi-côte d'une montagne. Il est célèbre par sa belle exposition, par la
richesse de ses appartements et par la beauté de son parc et de sa
cascade.

Sa façade, construite par Gérard, est ornée de pilastres corinthiens
élevés sur un soubassement, et de bas-reliefs au-dessus des croisées.
Son avant-corps, formé de quatre colonnes, soutient un entablement
qui porte autant de figures, symboles de la Force, de la Prudence,
de la Richesse et de la Guerre. Au-dessus, règne un attique servant d'a-
mortissement. Dans le fronton est un cadran que l'amour découvre,
avec des amours qui représentent les quatre parties du jour.

On a joint à cette façade deux ailes plus modernes, du dessin de
Lépautre, couronnées de balustrades, et qui ne s'élèvent pas plus
haut que le premier étage du fond. Un ordre dorique, avec un avant-
corps d'ordre toscan, couronné d'un fronton, règle l'architecture de
ces ailes décorées de huit figures placées dans des niches. A droite
sont : l'Éloquence, la Musique, la Bonne-chère, la Jeunesse ; à
gauche, la Comédie, la Danse, la Paix et la Richesse, sculptées par
Cadène.

Le grand escalier, du dessin de Jules Hardouin Mansard, est décoré de pilastres ioniques avec des arcades qui le rendent très riche :
ses balustrades et ses balustres sont en marbre.

On admire dans le salon à droite, les peintures de M. Pierre, qui
a représenté sur le plafond les cinq actes de l'opéra d'Armide.

Le grand salon qui précède la galerie, est orné de pilastres et de
quatre colonnes ioniques : ses peintures sont le plus bel ouvrage de
Mignard.

On découvre du belvédère la vue la plus agréable : la plupart des
allées du parc y aboutissent. Cette disposition a été faite par Lenôtre.

La grande cascade représente la jonction de la Seine et de la Marne,
désignées par deux figures, l'une de fleuve et l'autre de naïade, qui

ont dix-sept pieds de proportion. La première est assise sur un rocher au-dessous duquel on aperçoit un antre d'où sort une nappe d'eau ; l'autre est un peu penchée et appuyée sur une urne, de laquelle il sort aussi une nappe, qui, se mêlant avec l'eau de la première, tombe dans la grande coquille du milieu, et fait jouer neuf nappes soutenues par des terrasses rocaillées. Le canal a six bouillons de chaque côté, et se termine à un grand ovale avec deux gros jets dans les extrémités. Sur la droite de cette cascade est le grand jet de quatre-vingt-dix pieds de haut, qui tombe dans un carré d'eau de près d'un arpent d'étendue.

Les eaux de Saint-Cloud jouent les trois premiers dimanches du mois de septembre.

ÉGLISE DE L'ASSOMPTION.

ÉGLISE DE L'ASSOMPTION.

N° 43.

L'Église de l'Assomption fut bâtie en 1670, sur les dessins d'Errard, peintre du Roi. Son nom lui vient du couvent des Filles de l'Assomption, pour lequel elle fut construite; ce monument a la forme d'une tour élevée, surmontée d'une colonne sphérique de soixante-deux pieds de diamètre. Au-devant est un portail formé de huit colonnes corinthiennes couronnées d'un fronton. L'exécution en est très soignée, et considéré isolément il présente une perspective agréable, mais sa forme n'est pas en proportion avec l'ensemble général de l'édifice. Il se trouve écrasé par un dôme dont l'élévation n'adoucit pas l'effet que produit sa masse.

Cette Église, paroisse du premier arrondissement, est ornée intérieurement de caissons dorés et de peintures, par Charles Lafosse.

BARRIERE DE L'ÉTOILE.

Publié par Vilquin, à Paris.

BARRIÈRE DE L'ÉTOILE.

N° 44.

Le monument dont on voit les premières constructions à la Barrière de l'Étoile, devoit être un arc de triomphe érigé à la gloire des armées : il fut commencé en 1806, par M. Chalgrin. Suivant le plan, sa façade devoit être percée d'une arcade de quatre-vingt-sept pieds de haut, et de quarante-sept pieds de largeur, et sa hauteur totale devoit être de cent trente-cinq pieds. Elle est coupée en croix par une arcade transversale. Cet édifice n'est parvenu qu'à la hauteur de soixante pieds, et n'est encore enrichi d'aucune sculpture. Sa position sur un terrain exhaussé, sa correspondance avec le Château des Tuileries et sa magnifique avenue, annoncent que l'entrée de Paris doit être un jour la plus belle du monde.

Auprès de ce monument sont deux édifices construits en 1786, par M. Ledoux, pour servir de demeure aux percepteurs des entrées : ils consistent en deux bâtiments carrés, ornés chacun dans leur pourtour de vingt colonnes colossales, d'une corniche et de quatre frontons ; ils sont terminés par un couronnement circulaire. Entre ces deux bâtiments est une belle grille qui s'ouvre par trois portes. Cette Barrière porte le nom de Barrière de Neuilly, dont elle est voisine ; elle est la plus belle avenue de la capitale.

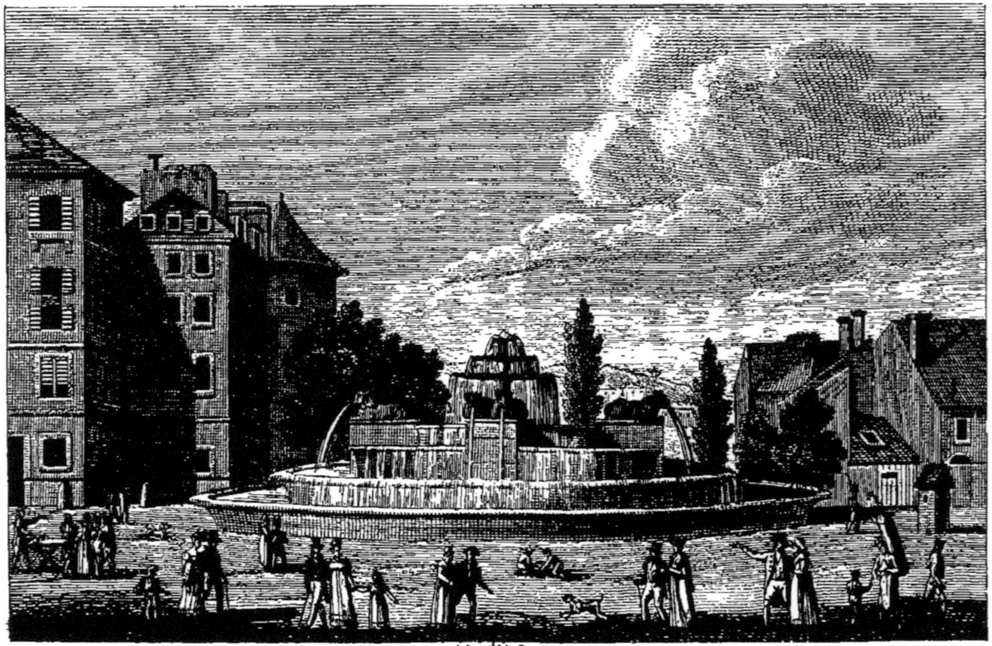

CHÂTEAU D'EAU,
Boulevard du Temple.

Publié par Vilquin, à Paris.

CHATEAU D'EAU.

N° 45.

La Fontaine qu'on appelle le Château d'eau, est placée sur l'esplanade du boulevard Bondi : elle est composée de trois socles circulaires et concentriques, en saillie les uns sur les autres, et surmontés d'une double coupe en fonte. Elle est entourée de trois bassins circulaires dominant les uns sur les autres, et se transmettant successivement l'eau qui jaillit du sommet de la coupe, et qui tombe en nappe de bassin en bassin. Au niveau de la troisième cuvette sont placés quatre socles carrés, dont chacun sert de piédestal à deux figures de lions accouplés, qui lancent de l'eau par la gueule. La composition de cette Fontaine, ouvrage de M. Gérard, a été exécutée avec un soin et une perfection qui ne laisse rien à désirer. On ne se lasse pas d'admirer cette charmante cascade.

ÉGLISE CATHÉDRALE DE STRASBOURG.

Publié par Vilquin, à Paris.

ÉGLISE CATHÉDRALE DE STRASBOURG.

L'Église cathédrale de Strasbourg est comptée au nombre des principales basiliques de l'Europe. Construite sous les Rois de la première et de la seconde race, elle fut consumée par le feu du ciel en l'an 1007. Elle fut rebâtie par l'évêque Wernher, qui le premier prit le nom de Hasbourg, du château ainsi appelé qu'il fit bâtir en Argovie. La basilique fut achevée en 1275. Comme tous les monuments gothiques de ce temps, elle est percée de trois portes enrichies de sculptures avec un travail infini. La façade est divisée en trois parties dans sa largeur et dans sa hauteur. Dans la hauteur, cette division est marquée par des piliers, et dans la largeur par des galeries extérieures. Au premier étage, elle présente deux grandes fenêtres coupées par des colonnes, et entre elles une grande rose sculptée avec un art infini; au second étage, au-dessus de la rose, sont deux fenêtres ouvertes; et dans les côtés, des fenêtres figurées par des colonnes d'une grande légèreté.

La tour fut élevée deux ans après que l'Église fut achevée. Ervin, de Steimbach, en fut le premier architecte, elle ne fut terminée qu'en 1449; sa forme est pyramidale. On estime sa hauteur à cinq cents pieds, ou quatre cent quarante-cinq mesures de Paris : celle de Vienne en Autriche en a quatre cent vingt-cinq; celle de Saint-Pierre de Rome quatre cent trente, et la plus haute pyramide d'Égypte ne la surpasse que de vingt-cinq pieds. On y monte par un escalier qui a six cent trente-cinq marches.

L'horloge qui est dans l'Église est de l'année 1574. Elle a plus duré que l'admiration qu'elle avoit excitée.

INTÉRIEUR DE L'ÉGLISE-ABBAYE DE St DENIS.

Publié par Vilquin, à Paris.

INTÉRIEUR DE L'ÉGLISE,

ABBAYE DE SAINT-DENIS.

N° 47.

L'INTÉRIEUR de l'Église de Saint-Denis est un des plus beaux modèles de l'architecture gothique. L'édifice a dans œuvre trois cent trente-cinq pieds de longueur, et quatre-vingt-dix de hauteur. La croisée est longue de cent vingt pieds, et large de trente-neuf. La voûte est par-tout d'égale hauteur.

L'Église est divisée en trois parties : la nef, le chœur et le chevet, ou rond-point. Elle est éclairée par trois rangs de fenêtres l'une au-dessus de l'autre : les plus grandes, au nombre de trente-sept, ont quarante pieds de hauteur, et ne sont séparées que d'un intervalle de trois pieds, occupé par les piliers. La croisée est éclairée par deux grandes roses de quarante pieds de diamètre, placées à chacune de ses extrémités. Tout cet ouvrage est soutenu par une multitude de colonnes déliées, dont on admire la beauté et la hardiesse.

La nef comprend sept arcades : elle a vingt-deux toises de longueur jusqu'à la porte du chœur, sous le jubé.

Le chœur, comme la nef, a trente-cinq pieds et demi de largeur. Le chœur et la nef sont accompagnés de chaque côté d'une aile simple, haute de trente-sept pieds et large de quinze. Le milieu de la croisée sert encore au chœur et à une partie du sanctuaire; il a six toises de longueur depuis les premières marches jusqu'au grand autel.

La troisième partie est le chevet, ou rond-point. On y arrive par deux rampes de dix-huit degrés chacune, que l'on trouve dans la croisée, sur la même ligne des collatéraux de la nef. Cette partie de l'Église n'a pas plus de vingt-huit pieds dans sa plus grande largeur, sur environ neuf toises de long. Outre cela, le chevet a une aile simple, d'environ deux toises de largeur, et un tour de chapelles qui ont chacune à-peu-près autant de profondeur.

Cette basilique tire sa principale beauté de sa structure et de sa légèreté.

INTÉRIEUR DE L'ÉGLISE, ABBAYE DE SAINT-DENIS.

Les caveaux qui sont au-dessous de l'Église sont consacrés à la sépulture de nos Rois. On voyoit autrefois dans l'Église un grand nombre de leurs mausolés, dont plusieurs étoient remarquables par la beauté de la sculpture : on y voyoit aussi les tombeaux de Duguesclin et de Turenne. Ce monument, qui renfermoit autrefois d'immenses richesses, tiendra toujours, par les souvenirs qu'il rappelle, une place distinguée parmi les monuments de l'histoire.

TOUR DE St JACQUES LA BOUCHERIE.

Publié par Vilaun, à Paris.

TOUR DE S. JACQUES DE LA BOUCHERIE.

N° 48.

La Tour de Saint-Jacques de la Boucherie étoit le clocher de l'Église de ce nom, qui fut bâtie sous le règne de Lothaire Ier, au dixième siècle, et qui fut ainsi appelée à cause de la boucherie de la Porte de Paris, dite du Grand-Châtelet, dont elle étoit voisine. Cette Tour fut construite en partie de l'argent confisqué aux juifs lorsqu'ils furent persécutés. On admire son genre gothique, sa hauteur et la beauté de son travail : elle a environ trente toises de hauteur, et de sa plate-forme on découvre la distribution et le cours de toutes les rues de la capitale; elle fut commencée en 1508, et ne fut entièrement terminée qu'en 1521 ou 1522, sous le règne de François Ier. Elle auroit subi le même sort que l'Église, sans les réclamations qui s'élevèrent pour la conservation d'un monument aussi utile que curieux.

L'Église de Saint-Jacques de la Boucherie comptoit parmi ses bien-faiteurs Nicolas Flammel et Pernelle sa femme, qui y furent enterrés en 1399 et 1417. Les grandes richesses qu'ils laissèrent accréditèrent le bruit qu'ils étoient possesseurs du secret de la transmutation des métaux. On ne concevoit pas que Flammel, dans sa profession d'écri-vain, eût pu faire une fortune qui étoit prodigieuse. Lui-même, dans les avis qu'il laissa à son fils en mourant, disoit qu'il avoit fait cette importante découverte, et qu'il la trouveroit dans ses écrits sous des emblêmes mystérieux, dont il pouvoit acquérir l'intelligence. La perte d'un pareil secret est une preuve évidente qu'il n'a jamais existé.

Jean Fernel, médecin de Henri II, fut enterré, en 1578, dans cette Église. Ce fut lui qui découvrit la cause de la stérilité de Catherine de Médicis.

ÉGLISE CATHÉDRALE DE CHARTRES.

Publié par Vilarin, à Paris.

ÉGLISE CATHÉDRALE DE CHARTRES.

N° 49.

L'Église cathédrale de Chartres, s'il faut en croire une tradition populaire, fut bâtie sur les ruines d'un temple des Druïdes : elle fut détruite par un incendie, en l'an 1020, et rebâtie aussitôt par les soins de son évêque, que les uns croient être Fulbert, et d'autres Yves de Chartres. Ses deux clochers, son chœur, et son Église souterraine, la rendent une des plus belles du royaume.

Sa façade est percée de trois entrées en enfoncement, au-dessus desquelles sont trois grandes fenêtres, surmontées d'une rose, pour éclairer la nef. Aux deux côtés s'élèvent deux tours ou clochers, d'une ordonnance différente, terminées en flèche ; elles ont soixante-trois toises d'élévation, jusqu'aux globes qui portent des croix surmontées l'une d'un grand soleil de bronze doré, et l'autre d'une lune de bronze argenté. On communique de l'une à l'autre par une galerie extérieure qui couronne la façade.

L'Église a soixante-dix toises de longueur, et huit de largeur, sans y comprendre les ailes et les chapelles. La longueur de la nef est de trente-six toises, et sa hauteur, ainsi que celle du chœur et de la croisée, est de dix-neuf. La croisée a trente-deux toises et demie de long, sur sept toises de large, sans y comprendre les ailes. Les voûtes des doubles ailes du chœur, et celles des bas-côtés de la croisée et de la nef, ont dix toises de hauteur sous clef.

Le chœur, long de vingt toises, et large de huit, passe, comme la nef, pour un chef-d'œuvre d'architecture. Les sculptures dont il est orné sont regardées comme un ouvrage parfait. Le pourtour de l'édifice, et les sept grandes fenêtres cintrées qui en forment le rond-point, font l'étonnement des architectes et des sculpteurs.

Les six grosses tours, dont l'Église est environnée, sont hautes de trente toises. L'Église souterraine a cent quarante-cinq toises de circuit.

Son chapitre avoit autrefois le privilége de délivrer un criminel le jour de l'Ascension, après qu'il avoit levé la *Fierté*, ou Chasse de saint Romain.

Henri IV fut sacré dans l'Église de Chartres.

ÉGLISE CATHÉDRALE DE ROUEN.

ÉGLISE CATHÉDRALE DE ROUEN.

La fondation de l'Église cathédrale de Rouen remonte au troisième siècle ; Mellon en jeta les fondements vers l'an 270 ; Richard Ier, duc de Normandie, et Robert son fils, qui en étoit évêque, la rebâtirent en 990 ; Maurice, un de ses successeurs, l'acheva en 1063, et la dédia à la Vierge.

Sa pyramide, ses tours, et sa façade, sont de différentes époques comme de différentes ordonnances. La pyramide que l'on voit aujourd'hui est la troisième qui ait été élevée sur cette Église ; la première fut frappée de la foudre en 1117 ; la seconde fut détruite par un incendie, en 1514 ; la troisième, qui subsiste de nos jours, est l'ouvrage du cardinal Georges d'Amboise. Elle fut construite en 1540 ; elle a trois cent quatre-vingts pieds d'élévation ; on y monte par un escalier de cinq cents marches. Robert Becquet en fut l'architecte.

La tour, à gauche du portail, s'appelle la Tour de Beurre ; elle fut bâtie de l'argent provenant des offrandes des habitants, en reconnoissance de la permission que le cardinal Guillaume Destouteville leur fit obtenir, d'user du beurre et du lait pendant le Carême. Commencée en 1485, elle fut achevée en 1507 ; elle a deux cent trente pieds d'élévation.

La tour à droite, appelée Saint-Romain, fut construite à différentes époques, comme on voit par ses différents ordres, et terminée en 1470.

Le portail fut élevé par le cardinal d'Amboise, en 1509. Sa largeur est de cent soixante-dix pieds, compris les tours. Trois entrées, qui ne font qu'une continuelle sculpture, forment le premier étage, qui sert de support à un autre, composé de quatre tourelles percées à jour, dont chacune a son ordre d'architecture différent, et terminées en forme de pyramide. Les galeries de communication ont leurs balustrades et appuis à claire-voie. Les figures y sont plus hautes que le naturel ; elles sont dans des niches : le tout est enrichi de beaucoup d'ornements sans confusion ; au milieu, est un chevron brisé d'une grande hauteur.

Les deux portails de la croisée sont remarquables par la légèreté de leur architecture.

L'Église a quatre cent huit pieds de longueur, savoir, la nef deux cent dix ; le chœur cent dix, et la chapelle de la Vierge quatre-vingt-huit. Sa largeur, ainsi que celle de la croisée, est de cent soixante-quatre pieds. Les voûtes de la nef ont quatre-vingt-quatre pieds d'élévation, et celles des ailes quarante-deux.

Les piliers de la nef et du chœur sont au nombre de quarante-huit ; ils sont à huit pieds sept pouces de distance l'un de l'autre ; ils ont de tour vingt-cinq pieds, et sont composés de vingt-quatre demi-colonnes.

Le cardinal d'Amboise donna à cette Église une cloche qui porte son nom ; elle fut fondue en 1501, et son poids étoit de trente-six mille livres.

Le cœur de Charles V, Roi de France, et celui de Richard Cœur de Lion, roi d'Angleterre, y furent déposés.

ÉGLISE DE St PAUL.

(ci-devant des Jésuites).

ÉGLISE DE SAINT PAUL.

L'Église de Saint-Paul étoit l'Église de la maison professe des Jésuites. Louis XIII en posa la première pierre en 1627 ; elle fut achevée en 1641.

Son portail est élevé de vingt-quatre toises ; il est décoré de trois ordres d'architecture l'un sur l'autre, deux corinthiens, et un composite. Le Père Derrand en fut l'architecte. On lui reproche une profusion d'ornements appliqués sans choix.

Les cœurs de Louis XIII et de Louis XIV furent déposés dans cette Église : elle possédoit aussi un mausolée destiné à renfermer les cœurs de la maison de Condé.

ÉGLISE CATHÉDRALE DE COUTANCES.

Publié par Vilquin, à Paris.

ÉGLISE CATHÉDRALE DE COUTANCES.

Nº 52.

L'Église cathédrale de Coutances, quoique gothique, passe pour un des plus beaux édifices de ce genre qu'il y ait en Europe. Le portail est orné de deux grandes tours, portant deux hautes pyramides, et accompagnées de petites tourelles que ceux du pays appellent *Fillettes*. La grosse tour, élevée sur le milieu de la croisée, est un ouvrage admirable de figure octogone; elle est ouverte en dedans, en forme de lanterne, et forme dans l'intérieur un dôme porté par quatre gros piliers. Cet ouvrage est un des plus hardis et des plus singuliers qu'on connoisse.

On ne connoît pas d'une manière certaine l'époque à laquelle remonte la fondation de cet édifice. On croit que la duchesse Gonor, ou Ginor, en jeta les fondements. Tout ce qu'on peut dire de plus assuré, c'est qu'il fut achevé en 1046, sous l'évêque Geoffroi, chancelier de Guillaume le Conquérant.

INTÉRIEUR DE L'ÉGLISE CATHÉDRALE DE NOTRE-DAME.

Publié par Vilquin, à Paris.

INTÉRIEUR DE L'ÉGLISE

CATHÉDRALE DE NOTRE-DAME.

N° 53.

L'ÉGLISE cathédrale de Notre-Dame est en forme de croix latine : ses principales dimensions, dans œuvre, sont, pour sa longueur, soixante-cinq toises, pour sa largeur vingt-quatre, et pour sa hauteur, sous clef de la principale voûte, dix-sept toises deux pieds. La nef est accompagnée d'un double rang de bas-côtés, à l'extérieur duquel est une ceinture de quarante-cinq chapelles. Cent vingt gros piliers, et cent huit colonnes, chacune d'un seul bloc, soutiennent cet édifice, qui est éclairé par cent treize vitraux. Au-dessus des ailes régnent des galeries spacieuses qui font le tour de l'Église, et qui sont éclairées par un double rang de fenêtres. La croisée reçoit le jour des deux roses placées à ses extrémités ; elles ont quarante pieds de diamètre, et leurs vitraux attestent que l'art de peindre sur verre, dont on regrettoit la perte, a été retrouvé par Pierre Leviel, au dix-huitième siécle.

L'entrée du chœur est décorée de deux estrades de cinq pieds d'élévation, en marbre de griotte d'Italie, servant de jubé ; elle est séparée de la nef par une très belle grille de fer poli, élevée sur un escalier de marbre. Sur les deux côtés sont placés deux rangs de stalles, terminés par deux chaires d'une grande beauté : elles sont surmontées d'un lambris dont les bas-reliefs représentent les principaux traits de la vie de la Vierge. Cette boiserie est couronnée par une corniche d'un riche dessin. Sa partie supérieure est ornée par huit grands tableaux des meilleurs maîtres de l'École françoise, parmi lesquels on distingue la *Visitation de la Vierge*, chef-d'œuvre de Jouvenet, qu'il peignit de la main gauche, étant devenu paralytique de la droite.

Le sanctuaire est richement décoré de marbres, de dorures, de candelabres et de bas-reliefs. Le pavé est une belle mosaïque, et les six arcades qui forment le rond-point sont incrustées de marbre blanc.

Elles sont fermées par des grilles amovibles à volonté. Le fond est occupé par un groupe de marbre blanc, représentant une *Descente de Croix*, chef-d'œuvre de Coustoux l'aîné, terminé en 1723. Aux deux côtés sont la statue de Louis XIII, offrant sa couronne à la Vierge, et celle de Louis XIV, en adoration.

Sur le mur extérieur du chœur, on remarque des sculptures grossières, représentant les *Mystères du Nouveau-Testament*. Elles furent exécutées en 1351.

On conserve dans la sacristie des reliquaires précieux, des vases sacrés d'un riche travail, et les insignes de Charlemagne.

Napoléon Buonaparte fut couronné empereur des François dans l'Église de Notre-Dame, par le pape Pie VII; Henri VI, roi d'Angleterre, y fut couronné roi de France en 1431; Henri IV y épousa la sœur de Charles IX, en 1572, peu de jours avant le massacre de la Saint-Barthélemi.

On y voyoit autrefois la statue équestre de Philippe de Valois, qui, en arrivant à Paris après la bataille de Cassal, entra à Notre-Dame tout armé, et y laissa son cheval et ses armes, en mémoire de la victoire qu'il avoit remportée.

PALAIS DU LUXEMBOURG,

du côté de la rue de Vaugirard.

PALAIS DU LUXEMBOURG,

DU COTÉ DE LA RUE DE VAUGIRARD.

N° 54.

La façade du Palais du Luxembourg, du côté de la rue de Vaugirard, a cinquante toises de longueur; elle présente une terrasse au milieu de laquelle est un corps de bâtiment décoré des ordres toscan et dorique, surmonté d'un ordre composite, au-dessus duquel s'élève un dôme orné de figures à l'aplomb des colonnes, et terminé par un lanternin. Aux deux extrémités de la terrasse sont deux pavillons carrés, liés par deux ailes au principal corps de bâtiment, placé entre cour et jardin. La porte principale, au fond de la cour, est décorée de plusieurs figures sculptées par M. Espercieux. Tout ce Palais est distingué par le caractère mâle de son architecture et par la régularité de ses proportions.

Dans l'intérieur, on admire le grand escalier qui a été transporté dans l'aile droite de la cour. Il est orné de sculptures et des statues de plusieurs généraux et législateurs françois. Dans les salles qui précédent celles où s'assemblent les pairs, on remarque une belle figure de Pujet, représentant Hercule en repos. Dans une autre, un plafond de Barthélemi. Dans la salle des séances, plusieurs statues en plâtre représentant des orateurs et des guerriers grecs et romains. Enfin, dans une salle placée dans l'angle du pavillon de l'Est, sur le jardin, une tenture en drap, et un meuble en velours peint, représentant les plus beaux monuments de Rome et des environs.

La galerie des tableaux renferme les chefs-d'œuvre de Le Sueur, de Vernet, et de plusieurs autres peintres célèbres.

On voit dans la rotonde une belle figure en marbre sculptée par Julien.

La voûte de la galerie de Rubens est décorée d'un tableau de Calais, représentant les *douze Mois de l'Année*, rangés dans l'ordre qui avoit été adopté avant le retour au calendrier grégorien, en 1806.

PALAIS DU LUXEMBOURG.

Le Palais est isolé des bâtiments qui l'avoisinent, par une grille de quatre-vingts pieds, à chacun de ses côtés.

PLACE ROYALE .

PLACE ROYALE.

La Place royale fut commencée en 1605, et achevée en 1610 ; elle forme un carré parfait, dont chaque côté a soixante-douze toises. Les bâtiments qui l'entourent sont réguliers et uniformes ; ils sont élevés de trois étages et construits en pierres et en briques. Ils sont terminés en forme de pavillons au nombre de trente-neuf. Le rez-de-chaussée est une galerie éclairée par des arcades.

L'élévation des édifices, leur ordonnance sévère et leur teinte rembrunie, donnent à la façade un air de tristesse qui n'est adouci que par la belle fontaine qui jaillit au milieu de la Place ; elle est composée de plusieurs jets d'eau divergents qui forment une magnifique gerbe. Elle a remplacé la statue équestre de Louis XIII, qui y fut érigée en 1636. L'intérièur de la Place est séparé des bâtiments par une grille.

CHÂTEAU DE VERSAILLES,

du côté de l'Avenue de Paris.

CHATEAU DE VERSAILLES,

DU COTÉ DE L'AVENUE DE PARIS.

N° 56.

Versailles n'étoit qu'un village, et son château qu'une simple maison de campagne où Louis XIII tenoit ses équipages de chasse, et que Bassompierre appeloit *le chétif Château de Versailles*, lorsque Louis XIV entreprit d'y transporter la résidence des Rois de France.

La grande avenue est formée de trois différentes allées d'arbres ; celle du milieu a vingt-cinq toises de large, et celles des côtés en ont dix ; elles se réunissent avec celles de Saint-Cloud et de Sceaux, à une grande place d'armes, que l'on appelle la Place royale. Sur la grande avenue sont le chenil, l'hôtel du grand-maître, la grande et la petite écurie. L'avant-cour vient ensuite, et donne entrée à la petite cour.

On arrive au grand escalier par trois arcades de face, qui conduisent d'abord dans un spacieux vestibule, à compartiments de marbre. Le perron est de onze degrés, et chacune des rampes de vingt et un.

Les grands appartements consistent en une vaste enfilade de piéces magnifiques. La grande galerie, la plus belle de l'Europe, a trente-sept toises de long sur sept de large. On y compte dix - sept fenêtres du côté du jardin, et autant d'arcades remplies de glaces du côté de l'appartement du Roi. Les arcades et les fenêtres sont séparées par vingt - quatre pilastres de marbre. Les peintures représentent les premières actions du règne de Louis XIV.

L'appartement du Roi est composé de la salle des gardes, de celle du grand couvert, du grand salon et de la chambre du Roi.

La chapelle est derrière l'aile du Château, à droite en entrant ; la principale face est au couchant, et le chevet au levant. Sa longueur, hors d'œuvre, est de vingt-deux toises et demie, et dans œuvre, c'est-à-dire, depuis la grande porte jusqu'au grand autel, de dix - sept toises un quart. Sa largeur, hors d'œuvre, est de onze toises, et dans œuvre, de cinquante-cinq pieds : sa hauteur, sous la clef de la voûte, est de soixante-dix-neuf pieds ; elle fut commencée en 1699 et finie en 1710. La tribune qui règne au pourtour est de la plus grande beauté.

La salle d'opéra fixe les regards des curieux, par la magnificence de ses décorations et par le mécanisme qui les fait mouvoir.

CHÂTEAU DE VERSAILLES,
du côté du Jardin.

Publié par Vilquin, à Paris.

CHATEAU DE VERSAILLES,

DU COTÉ DU JARDIN.

N° 57.

Oₙ entre dans le parc par le vestibule de la petite Cour de Marbre, qui est soutenu par seize colonnes de marbre.

Le parterre d'eau consiste en deux grands bassins qui ont plusieurs jets d'eau au milieu, et dont les bordures sont ornées chacune de huit groupes de figures de bronze, représentant des Fleuves, des Rivières et des Nymphes. Dans les angles de ce parterre il y a deux autres bassins de marbre, dont les jets d'eau forment des nappes d'une beauté singulière; et les bordures sont ornées chacune de deux groupes d'animaux de bronze.

Au bas de ce parterre est le bassin de Latone, orné de quatre vases au pourtour; le groupe de trois figures qui s'éléve sur ce bassin représente Latone, Apollon et Diane. Assez près de là sont deux autres bassins, au milieu desquels sont de petits groupes de figures. Le parterre d'eau est terminé par deux tablettes de marbre blanc, ornées de plusieurs beaux vases de bronze et de marbre.

On descend de là dans le parterre du nord par un escalier de marbre blanc. La fontaine de la Pyramide est à l'autre extrémité; elle est composée de quatre bassins les uns sur les autres.

L'allée d'eau est partagée par deux bandes de gazon.

La fontaine du Dragon est un bassin qui a près de vingt toises de diamètre.

Le bassin de Neptune est une grande et magnifique pièce d'eau, bordée par une tablette, ornée de vingt-deux grands vases de métal, dont chacun forme un jet d'eau, et entre chaque vase il y a encore autant de jets d'eau qui s'élévent très haut.

Le bassin d'Apollon est au bout de la grande allée, en face du Château, c'est un carré long de soixante toises en un sens, et de quarante-cinq en l'autre. Apollon est sur son char, tiré par quatre coursiers. La grosse gerbe s'éléve fort haut, les deux petites un peu moins.

CHATEAU DE VERSAILLES.

Le grand canal a trente-deux toises de largeur sur huit cents de longueur ; vers le milieu, il est traversé par un autre canal d'environ cent vingt toises de long, dont les deux bras conduisent l'un à Trianon, et l'autre à la Ménagerie.

Le parterre de fleurs est au midi, et fait symétrie avec le parterre du nord. De là on descend à l'Orangerie par deux rampes magnifiques. L'Orangerie est un des plus beaux morceaux d'architecture ; elle consiste en trois galeries, celle du fond a quatre-vingts toises de long ; les deux autres sont au retour, et ont soixante toises ; elles sont décorées d'un ordre toscan.

La pièce des Suisses est au-delà de l'Orangerie, dont elle est séparée par le grand chemin ; elle ressemble plutôt à un étang qu'à un bassin.

Le Potager est partagé en trente-quatre jardins, séparés par des murs ; chacun d'eux a son bassin et sa serre pour l'hiver.

Les bosquets sont remarquables par leur symétrie et leur bon goût. On doit visiter le labyrinthe, la salle du bal, la girandole, l'île royale, la salle des marroniers, la colonnade, le bosquet des Dames, d'Encelade, de l'Étoile, du Dauphin, les bains d'Apollon, les trois fontaines et l'arc de triomphe.

Le grand parc de Versailles est d'une étendue considérable ; il renferme plusieurs villages et d'agréables maisons.

CHÂTEAU DE VINCENNES.

Publié par Vilquin, à Paris.

CHATEAU DE VINCENNES.

N° 58,

LE Château de Vincennes doit son origine à Philippe Auguste. Philippe de Valois le fit rebâtir en 1333, sur le plan qu'on voit aujourd'hui. Ce travail fut continué sous le roi Jean, et achevé sous Charles V. Charles VI y ajouta de nouveaux bâtiments. Il fut réparé par François Ier, en 1539. Louis XIII fit élever les deux grands corps-de-logis qui sont dans la cour : ils ne furent achevés que vers le commencement du règne de Louis XIV.

Ce Château fut long-temps la résidence des Rois de France. Saint Louis y rendoit la justice, assis au pied d'un chêne. L'ensemble forme un parallélogramme régulier, consistant en un donjon fort élevé, et neuf tours carrées, dont quelques unes tombent en ruine. Les neuf tours servoient à loger les Princes de la Maison royale. La tour du donjon étoit l'habitation ordinaire du Roi.

La cour est entourée de fossés particuliers, d'environ quarante pieds, et revêtus de pierres de taille. Le haut des fossés est fortifié d'une galerie couverte, bordée de meurtrières ; les quatre angles sont flanqués d'une tour qui fait saillie dans le fossé.

La tour du donjon est divisée en cinq étages, auxquels on monte par un escalier en volute, d'une hardiesse étonnante. Chaque étage voûté est composé d'une grande salle carrée, soutenue au milieu par un énorme pilier, avec une immense cheminée, ayant à chacun de ses quatre coins une prison de treize pieds en tout sens, avec une cheminée. A la hauteur du troisième étage est une galerie extérieure en saillie, qui règne autour du bâtiment. Le comble forme une terrasse cintrée, portant dans un de ses angles une guérite en pierre, d'une grande délicatesse et d'une hauteur considérable. Les murs ont seize pieds d'épaisseur, et les voûtes trente pieds de haut.

Henri V, roi d'Angleterre, mourut dans le donjon de Vincennes. Depuis le règne de Louis XI, il a servi de prison d'état. Le grand Condé y fut long-temps prisonnier, et non loin de la fenêtre sur la quelle il cultivoit des œillets, le duc d'Enghien, dernier rejeton de sa race, fut mis à mort. Cromwell visita cette prison en 1626.

Le nouveau Château fut commencé par Louis XIII, qui en posa la première pierre, et achevé par Louis XIV. La façade du côté du bois est une suite de quatorze arcades rustiques, formant une galerie couverte; elle a dans le milieu une porte moitié moderne, moitié gothique, en arc de triomphe. Le Château est composé de deux grands bâtiments uniformes, auxquels on communique par cette galerie. Le grand escalier est remarquable par sa voussure, par la hauteur de sa cage et par la longueur de ses marches. Ce Château a vu naître l'opéra, dans les fêtes que donnoit Louis XIV. Il a vu naître aussi les amours de ce Prince pour madame de La Vallière. Louis XV y passa la première année de son règne.

Le portail de la Sainte-Chapelle de Vincennes est gothique, quoique bâti sous François Ier et Henri II. Sa voûte est d'une grande hardiesse. On remarque sur les vitraux des H et des croissants, devise choisie par Henri II, par amour pour Diane de Poitiers.

Le parc a quatorze cent soixante-sept arpents d'étendue.

ÉGLISE CATHÉDRALE D'ORLÉANS.

ÉGLISE CATHÉDRALE D'ORLÉANS.

N° 59.

L'Église cathédrale de Sainte-Croix d'Orléans fut construite par
saint Euverte, un de ses premiers évêques, sur la fin du quatrième
siècle ; elle fut brûlée par les Normands, en 865 ; s'étant relevée de
ses ruines, elle éprouva le même sort en 999. L'évêque Arnould en‑
treprit de la faire rebâtir en 1278. Cette entreprise fut continuée par
Robert de Courtenay, son successeur, qui en posa la première pierre
le 11 septembre 1287. Le dessin du bâtiment étoit le même que celui
qui subsiste aujourd'hui, et n'avoit conservé de l'ancien que le portail
et les deux tours. Détruite une troisième fois, en 1567, pendant les
troubles des guerres civiles, elle fut rétablie, sur les mêmes fonde‑
ments, par Henri IV, qui en posa la première pierre le 18 avril 1601.

La façade est percée de trois portes d'entrée en enfoncement, sur‑
montées d'une galerie ornée de colonnes d'une grande délicatesse ;
au-dessous de la galerie sont trois grandes roses destinées à éclairer
la nef. Sur les deux côtés s'élèvent deux tours remarquables par leur
élévation et par la beauté de leur architecture. Le clocher est placé
sur le milieu de l'Église ; il est couvert de plomb doré et argenté : sa
hauteur, depuis le rez-de-chaussée, est de cinquante-quatre toises.
L'Église a soixante toises de longueur, et ses piliers sont hauts de
dix-sept.

Le jubé, qui sépare le chœur de la nef, est un des plus magnifiques
qui soient en France ; les dessins sont de Lebrun, et la sculpture de
J. J. Tréby.

Philippe de France, fils de Philippe de Valois, premier duc d'Or‑
léans, fut enterré dans le chœur de l'Église. Le cœur de François II,
mort à Orléans, le 5 décembre 1560, y fut aussi déposé.

Le Chapitre d'Orléans comptoit autrefois Jésus-Christ pour premier
chanoine, et le revenu de sa prébende étoit distribué aux pauvres.

PONT NEUF,
du côté du Pont des Arts.

Publié par Vilquin, à Paris.

PONT NEUF.

Le Pont Neuf fut construit pour la communication de la Cité et du quartier Saint-Germain à la ville et au Louvre. Pour cet effet, on joignit l'une à l'autre deux petites îles situées au couchant de la Cité, et qui jusqu'alors en avoient été séparées par un bras de la rivière, à l'endroit où est à présent la rue de Harlai. Henri III en posa la première pierre à la dernière pile du côté des Augustins, le 30 mai 1578. Il ne fut achevé que sous le règne de Henri IV, en 1604. Jacques Androuet Du Cerceau, sous Henri III, et Guillaume Marchand, sous Henri IV, furent ses architectes.

Il embrasse les deux bras de la rivière, sa longueur est de cent soixante-huit toises, et sa largeur de douze : il est formé de douze arches, sept du côté du Louvre, et cinq du côté des Augustins ; les trottoirs ont sept toises de large ; le milieu, où passent les carrosses, en a cinq. Au-dessus des arches, du côté de la rivière, règne une double corniche d'un pied et demi de large, soutenue, de deux pieds en deux pieds, par des têtes de sylvains, de dryades et de satyres, ornées de fleurs et de festons à l'antique ; à l'endroit des piles il y a des culs-de-lampe qui font saillie sur l'eau, et qui forment des demi-lunes, sur lesquelles on construisit, en 1774, de petites boutiques, d'après les dessins de M. Soufflot.

Sur le terre-plain, situé au-delà du Pont, et formant la pointe actuelle de l'île du Palais, Louis XIII fit ériger, en 1614, une statue équestre de bronze à Henri IV. Elle fut renversée dans les tempêtes de la révolution ; mais à la restauration du Trône la France entière s'empressa de la relever. Le monument qui nous retrace cette image chérie est un monument national. Le Roi Louis XVIII en posa la première pierre le ... novembre 1817. La statue et le cheval sont d'un seul jet, et immortalisent les talents de M. Lemot.

La vue dont on jouit sur le Pont Neuf embrasse le Louvre, les

Tuileries, l'Hôtel de la Monnoie, le Palais des Arts, quatre ponts,
quatre quais magnifiques, le cours de la Seine, et n'est terminée que
par les hauteurs de Chaillot.

TABLE

DES VUES CONTENUES DANS CE VOLUME.

Plan de Paris.
Frontispice qui contient :
L'Opéra.
La Bourse.
Théâtre Français.
Saint-Gervais.
Saint-Eustache.
Théâtre des Variétés.
Fontaine de l'Éléphant.
Théâtre de la Porte Saint-Martin.

N° 1. Colonnade du Louvre.
2. Cour du Louvre.
3. Palais des Tuileries, côté de la place.
4. Jardin des Tuileries.
5. Galerie du Louvre.
6. Place Vendôme.
7. Place Louis XV.
8. Montagnes Beaujon.
9. Hôtel des Invalides, côté de Vaugirard.
10. Palais du Luxembourg, côté du jardin.
11. Jardin du Palais-Royal.
12. Palais-Royal, côté de la place.
13. Hôtel des Monnaies.
14. Porte Saint-Denis.
15. Porte Saint-Martin.
16. Palais des Beaux-Arts.
17. Fontaine des Innocens.
18. Hôtel des Invalides, du côté de la rivière.
19. Palais de Justice.
20. Église cathédrale de Notre-Dame.
21. Hôtel-de-Ville.
22. École de Médecine.
23. Panthéon ou nouvelle église Sainte-Geneviève.
24. Cabinet d'Histoire Naturelle.

Nᵒ 25. Église de Saint-Sulpice.

    26. Palais Bourbon, Chambre des Députés.

    27. Église Saint-Roch.

    28. L'Observatoire.

    29. Val-de-Grâce.

    30. Théâtre de l'Odéon.

    31. Église Saint-Germain l'Auxerrois.

    32. École Militaire.

    33. Palais de la Légion d'Honneur.

    34. Théâtre Italien.

    35. Barrière de la Villette.

    36. Halle au bled.

    37. Église de Saint-Étienne-du-Mont.

    38. Pont du Jardin du Roi.

    39. Sorbonne.

    40. Église cathédrale de Reims.

    41. Église abbaye de Saint-Denis

    42. Château de Saint-Cloud.

    43. Église de l'Assomption.

    44. Barrière de l'Étoile.

    45. Château d'eau, boulevard du Temple.

    46. Église cathédrale de Strasbourg.

    47. Intérieur de l'Église abbaye de Saint-Denis.

    48. Tour Saint-Jacques-la-Boucherie.

    49. Église cathédrale de Chartres.

    50. Église cathédrale de Rouen.

    51. Église Saint-Paul, ci devant des Jésuites.

    52. Église cathédrale de Coutances.

    53. Intérieur de l'Église cathédrale de Notre-Dame.

    54. Palais du Luxembourg, côté de la rue de Vaugirard.

    55. Place Royale.

    56. Château de Versailles, côté de l'avenue de Paris.

    57. Château de Versailles, côté du Jardin.

    58. Château de Vincennes.

    59 Église cathédrale d'Orléans.

    60. Pont-Neuf, du côté du pont des Arts.

FIN.